# 교회를 세우는 교회

건강한
교회를
세워가는
교회 분립
매뉴얼

# 교회를 세우는 교회

© 생명의말씀사 2018

2018년 10월 30일 1판 1쇄 발행
2023년 5월 2일　　　3쇄 발행

펴낸이 | 김창영
펴낸곳 | 생명의말씀사

등록 | 1962. 1. 10. No.300-1962-1
주소 | 서울시 종로구 경희궁1길 6 (03176)
전화 | 02)738-6555(본사)·02)3159-7979(영업)
팩스 | 02)739-3824(본사)·080-022-8585(영업)

지은이 | 오대식

기획편집 | 서정희, 장주연
디자인 | 박소정
인쇄 | 예원프린팅
제본 | 보경문화사

ISBN 978-89-04-07142-5 (03230)

저작권자의 허락없이 이 책의 일부 또는 전체를
무단 복제, 전재, 발췌하면 저작권법에 의해 처벌을 받습니다.

# 교회를 세우는 교회

건강한
교회를
세워가는
**교회 분립
매뉴얼**

오대식

생명의말씀사

# contents

추천의 글 _8
들어가며 1. 2 _18

 **Part1 우리 시대 목회, 그리고 교회**

1. 교회가 선교를 고민하는 시대에 _33
2. 목사는 무엇을 위해 기도하는가? _39
3. 그래, 다시 고백(Go-back)이다! _47

### Part2 도대체 왜?_ 교회 분립의 목적

4. 교회 분립의 목적은 바로 '교회' 자체다 _55
5. 교회가 분립해야 할 때 _62
6. 교회는 교회다울 때 가장 아름답다 _70
7. 개혁신앙, 교회 분립의 용기를 주다 _75

### Part3 꼭 해야 해?_ 교회 분립의 의미

8. 그리스도의 남은 고난 _85
9. 조금 더 낮은 곳을 선택해야 하는 이유 _91
10. 분립의 그림 그리기_ 낳을 것인가, 깨어질 것인가? _98
11. 목표는 다운사이징(downsizing) _104
12. 교회 분립의 의미, 파송 _108

c o n t e n t s

### Part4 험난해도 보람된 여정_ 교회 분립의 일정

13. 교회 분립의 여정, 까르네발레  _119
14. 온 교인과 함께 한 기도  _124
15. 가고 남는 것은 어떤 의미일까?  _128
16. 무엇이 고난이고, 어떻게 해결할 것인가?  _134
17. 청빙(請聘)  _139
18. 중요한 일일수록 부드럽게  _143
19. 좋은 사람들  _147

### Part5 그래서 우리는 지금 무척 행복하다

20. 안정, 기대, 그리고 만족  _157
21. 분립은 자랑이 아니다  _163
22. 새로운 문화를 꿈꾸며  _166

## 부록

1. Q&A_ 교회 분립에 관해 묻고 답하다  _174
2. 교회 분립 타임 테이블  _188
3. 만화로 보는 높은뜻정의교회 분립 Q&A  _189
4. 분립을 위한 공동 기도문  _196

## 추천사

**한국 교회의 타락을 애통하며 눈물로 기도하는 성도들이
이 책을 읽고 용기와 지혜를 얻으시기 바랍니다**

근년에 이곳저곳에서 교회를 분립하여 개척하는 일들이 일어나고 있어 반갑고 기쁩니다. 목회자나 교인들이 부흥된 큰 교회에 대한 욕망을 내려놓고 "양으로 생명을 얻게 하고 더 풍성히 얻게" 하는 일에 초점을 맞추어 교회를 분립한다는 것은 결코 쉬운 일이 아닙니다. '부흥된 큰 교회'는 목회자들은 물론 교회의 꿈이요 비전이었습니다. 그리고 하나님이 크게 기뻐하시는 일이라는 사실에 모두가 이의 없이 지내왔습니다.

그러나 교회가 대형화되면서 병들기 시작했습니다. 비둔한 사람에게 성인병이 생기기 쉽듯이 교회 성장이 목회자들의 영광이 되고 교인들의 자랑이 되면서 도리어 질병을 가져온 것입니다. 복음의 능력이 쇠하고 세속적인 영광이 하나님의 영광을 가리는 결과를 가져왔습니다. 이를 치유하고 건강을 회복시키는 것이 오늘 한국 교회의 시급한 과제입니다.

높은뜻정의교회가 이 일에 헌신하여 아름다운 열매를 맺은 것을 기뻐하며 감사합니다. 높은뜻정의교회는 김동호 목사님이 개척한 높은뜻숭의교회의 분립으로 설립된 교회 중의 하나였습니다. 높은뜻숭의교회가 크게 부흥하였을 때 그들은 큰 교회당 짓는 일을 거부하고, 분립하여 네 교회를 설립하는 획기적인 일을 단행하였습니다. 여기서 또 분립이 이루어졌으니 "아브라함의 하나님 이삭의 하나님 야곱의 하나님"의 영광이 드러나고 있다 하겠습니다.

저자는 그동안 되어진 사실들을 잘 정리하고 서술하여 목회자들이 성장주의를 극복할 수 있도록 도우며, 동시에 교회 분립 운동에 힘을 불어넣고 있습니다. 한국 교회의 타락을 애통하며 눈물로 기도하는 성도들이 이 책을 읽고 용기와 지혜를 얻으시기 바랍니다.

_정주채 목사 (향상교회 은퇴, 바른교회 아카데미 이사장)

**세상은 우리가 말하는 이론에는 아무런 관심이 없습니다
우리가 사는 모습이 그리스도의 모습일 때에 세상은 놀랍니다**

선교사들로부터 시작된 한국 교회가 여기까지 왔습니다.

한국 교회는 많은 신앙 선배들의 헌신 속에 뿌리를 내렸고, 일제 강점기의 기나긴 고통의 세월 속에서 더 단단함을 갖게 되었습니다. 복음이 아니면 견딜 수 없는 핍박 속에서 진정한 신앙이 입증된 축복의 시간이기도 했습니다. 남북 상잔의 비극을 통해 인간이 얼마나 악한가를 몸 전체로 겪어내고 마주하면서 오직 예수 그리스도만이 우리의 구주인 것을 더 확고하게 붙잡는 아픔의 시절이었습니다.

그러나 주께서 은총을 허락해 주셔서 한국 교회는 세계 교회사에 유례가 없는 짧은 기간에 괄목할 만한 성장을 이루었습니다. 우리는 얼마나 기뻐하고 감사하며 기대했는지 모릅니다. 주님께서 교회를 큰 축복 속에 성장시키고 민족의 역사 앞에 힘 있는 단체로 키워주셨습니다.

하지만 우리는 주님에게서 시선을 돌려 버렸습니다. 지금 한국 교회의 모습들은 그리스도 중심의 교회가 아니라 사람들의 눈에 보여지는 업적이나 거대한 세력으로서의 기독교로 전락해 버리고 말았습니다. 그

리스도께서 우리를 부요케 하기 위해서 가난하게 되심을 잊어버린 채 세속의 생각과 한 치의 다름도 없는 허울 좋은 신념 속에서 스스로를 위안하며 세상의 즐거움에 도취되어 있습니다.

이런 비참한 환경 속에서도 예수 그리스도가 원하시는 교회의 원형을 찾고자 꿈틀거리며 노력하는 모습들이 계속되고 있는 것을 볼 때 감사합니다.

오대식 목사님은 교회가 예수의 모습으로 어떻게 영광을 돌릴까, 이 시대 그리스도의 현존을 드러내는 통로로 교회가 어떻게 쓰임 받을 수 있을까를 고민한 목회자입니다. 안정된 교회를 뒤로하고 새롭게 교회를 개척하여 예수가 원하시는 바른 교회의 모습을 이 땅에 되찾고자 한 발을 내디뎠습니다.

희생이라는 단어는 아름답고 귀한 말입니다. 하지만 희생이라는 단어가 실제가 되기 위해서는 엄청난 대가가 요구됩니다. 높은뜻정의교회는 그 대가를 지불하며 그리스도께서 우리를 위하여 섬기고 희생하신 본을 쫓아 새롭게 교회를 다시 시작했습니다.

세상은 우리가 말하는 이론에는 아무런 관심이 없습니다. 우리가 사는 모습이 그리스도의 모습일 때에 세상은 놀랍니다. 한국 도처에 이런 축복이, 이런 역사가 있기를 소원합니다.

  한국 교회를 향해 깊은 절망감을 가졌다가도 뜻있는 목회자들의 주님을 향한 사랑과 헌신을 볼 때 하나님 앞에 영광과 찬송을 돌리며 새로운 소망을 다시 회복합니다.

  우리가 공유해야 될 한국 교회의 소중한 자산이 많은 사람들에게 전달되는 귀한 역사가 있기를 소원합니다. 진심으로 그리스도의 사랑과 은총이 한국 교회에 온전히 회복되는 축복이 있기를 소망해 봅니다.

_홍정길 목사 (남서울은혜교회 원로, 밀알복지재단 이사장)

**이 책은 단지 교회 분립에 대한 이야기가 아니라
교회다움을 향한 어느 공동체의 선한 몸부림의 기록이다**

  교회의 정체성과 본질, 거기에 어울리는 존재 방식과 관련하여 나 스스로도 씨름 중인 질문들이 이 책 안에 고스란히 담겨 있다. 그 질문에 단 하나도 회피하지 않고 나름의 대답을 겸허하게, 조심스럽게, 그리고 생생하게 내놓고 있다.

성경적인 교회의 존재 이유와 방식은?

교회답다는 것은?

본질에 충실하기에 적합한 교회의 형태와 크기는?

분립은 누가 어떻게 결정할 것인가?

감수해야 할 난관과 변수는?

분립은 필수인가 선택인가? 등…

이 책은 단지 교회 분립에 대한 이야기가 아니라 교회다움을 향한 공동체의 선한 몸부림의 기록이다. 분립하여 얻은 열매는 또 하나의 교회만이 아니라 '진정한 교회 됨이란 무엇인가'에 대한 공동체의 새로운 자각과 애정이었다는 고백이 인상 깊다.

교회는 교회를 통해서 세워져야 하고, 교회는 교회 세우기를 통해서 비로소 거듭난다는 평범한 진리를 확인해준다. 큰 교회를 두고 분립하여 나온 통 큰 목사의 쿨한 고백이 아니라, 이렇게라도 하지 않으면 자신도, 교회도 죽겠다고 생각하여, 막막하지만 절박한 심정으로 감행한 분립 개척 고백록이다. '나는, 우리 교회는 이대로 충분한가?' 라고 질문하는 모든 이들에게 일독을 권한다.

_박대영 목사 (광주소명교회, 〈묵상과 설교〉 편집장)

**저자가 꺼내든 여러 화두 같은 질문들은 신학적-신앙적으로
더 많은 질문과 토론을 촉발한다. 그것은 공적인 의제다**

한국 교계에는 세습한 교회가 확인된 것만 350개를 넘기고 있다. 대부분 중대형 교회들이다. 우리는 어째서 다운사이징을 선택하는 교회 분립의 스토리 350개를 갖고 있지 못한 것인가? 한국 교회의 바람직한 미래가 어느 쪽에서 준비되고 있을지는 불을 보듯 훤하다. 이 책은 높은뜻정의교회가 개척 10년 만에 높은뜻덕소교회로 분립 개척한 이야기를 정직하게 담고 있다.

남산에 있던 높은뜻숭의교회가 5,000명 규모에서 4개로 쪼개어 분립했던 파격적 스토리는 어느 정도 알려져 있지만, 그 세세한 기록이나 평가는 접하기 어렵다. 그 분립 교회 중 하나였던 높은뜻정의교회는 3,000명 규모가 되자 분립을 준비해서 창립 10주년이자 종교개혁 500주년을 기념하며 덕소의 고등학교 강당을 빌려 분립했다. 약 1년 만에 그 내용을 기록한 이 책이 나왔다.

오대식 목사는 이 과정을 화초 나누기에 비유했다. 어느 정도 커지면 두 개의 화분으로 나누어야 화초가 건강히 잘 자랄 수 있다는 소박한 비유에 고개를 끄덕이지 않을 사람이 있을까?

두 가지가 반갑고, 한 가지를 요청한다.

첫째, 교회 분립을 고민하는 이들에게는 이보다 더 솔직한 매뉴얼을 찾기 어려울 것이다. 준비 과정에서 겪은 갈등, 지역 교회들의 반발, 교회 내의 분열, 시행착오, 모교회의 후임 청빙 등 거쳐야 하는 모든 이슈들을 언급하며 군더더기 없이 전모를 잘 드러내 주었다. 비슷한 길을 걷고자 하는 이들이라면 이 책을 꼭꼭 씹어 소화할 일이다.

둘째, 중대형 교회들의 현실을 기반으로 쓰고 있다는 점이 돋보인다. 이 책은 자칫 이미 1,000-3,000명 규모 교회의 안락한 목회 성공기쯤으로 비판받을 각오를 하고 차분히 글을 써 내려 간 듯한 인상을 준다. 한국 교회의 중대형 교회들이 교회 세습이란 퇴행적 선택 대신 교회 분립을 대안으로 많이 고려했으면 좋겠다는 점에서 나는 이 시도와 이 기록을 지지한다.

마지막으로 한 가지 요청은, 이 실험이 한 교회의 스토리로 국한되지 않도록 후속 조치가 필요하다는 것. 저자가 꺼내 든 여러 화두 같은 질문들은 신학적-신앙적으로 더 많은 질문과 토론을 촉발한다. 그것은 공적인 의제다. 이 책의 출간이 이런 논의의 시작을 알리는 선명한 깃발이 되어 주기를 기대한다.

_양희송 대표 (청어람 ARMC)

**이 책은 치열한 목회적 고민이 오고 간
생생한 현장에서 이루어졌기 때문에 더욱 귀합니다**

"대형 교회가 답이 아니다. 목회자는 교회 관리자가 아니며, 설교자만도 아니다. 목회자는 교회를 세우는 자다. 그러므로 교회를 세우는 목회자에게 분립은 자랑할 일도 아니다."

오늘날 한국 교회, 그 성도와 목회자가 들어야 할 중요한 메시지가 이 책에 있습니다. 이런 소중한 메시지를 담은 이 책은 책상 앞에서 이론으로 만들어진 것이 아닙니다. 치열한 목회적 고민이 오고 간 생생한 현장 속에서 이루어졌기 때문에 더욱 귀합니다.

이 책은 한국 교회에 꼭 필요한 시도에 대한 사례집으로서, 앞으로 나오게 될 다양한 분립 사례에 선구자적 역할을 할 것입니다. 그래서 감사하고 기쁩니다.

물론, 분립의 과정을 통해서 우리 시대와 사회에 세워져야 할 진정한 교회가 어떤 모습이어야 할지에 대한 본질적인 질문은 지속되어야 합니다. 우리는 아직도 예수께서 가르치시고, 초대교회가 꿈꾸며 세워갔던 '하나님 나라 공동체로서의 교회'에 이르지 못했기 때문입니다.

이 높고 소중한 사명을 위해 함께 고민하고 연구하고 시도하는, 사랑하는 목사님과 교회 공동체에 큰 박수와 격려를 보냅니다.

_김형국 목사 (나들목네트워크교회 지원 센터 대표, 하나복DNA네트워크 대표)

### 들어가며 1

## 나는 교회의 외형적 크기를
## 말하려는 것이 아니다

'건강한 작은 교회 운동'이 한국에서 일고 있다. 이전에는 같은 정신의 '동네 작은 교회 운동'도 있었다. 그리고 결은 조금 다르지만 '지역 마을 교회 운동'도 한창이다. 이 운동들의 기본 정신은 다시 교회를 살리기 위함이다. 대형 교회에서 야기되었던 여러 가지 폐단을 우리 사회가 반복적으로 경험하면서 어떻게든 교회를 다시 건강하게 세워 보자는 데 의의가 있다 하겠다. 교회는 반드시 교회다워져야 하기 때문이다. 그렇기에 이러한 운동들은 참으로 귀하고 소중하다. 교회 살리기 운동이 많이 확산되어 건강한 교회들이 동네마다 많이 세워지고, 교회가 다시 건강하게 거듭나면 좋겠다. 이 쉽지 않은 운동에 힘쓰는 사역자들에게 응원을 보낸다.

그러나 안타까운 것은 분명 좋은 취지를 갖고 벌이는 운동이지만 큰 교회의 입장에서는 작아야만 교회가 건강해지는 것은 아니라는 반론이 많다는 것이다. 다양성이 떨어지고, 오히려 폐쇄적인 공동체가 되기 쉬우며, 대형 교회에서 종종 문제가 되었던 소수에 의한 전횡이라는 폐단이 더 많이 나타날 수 있다는 우려를 말한다. 건강한 교회라면 공통적으로 나타나는 민주적 의사 결정과 재정 운영의 투명성 등이 교회의 규모가 작아진다고 반드시 따라오지는 않는다는 의미다.

그럼에도 불구하고 우리가 교회의 규모를 생각할 때는 크기에 따라서 좋다, 나쁘다를 말하기 이전에 많은 고민이 필요하다고 생각한다. 그런 고민은 교회의 재정 운영과 의사 결정 절차가 교회의 크기와 어떤 관계가 있는가에 국한된 것이 아니다. 교인들 대부분의 신앙 훈련과 복음에의 참여, 그리고 목회자에게 있어서는 목회적 활동의 본질에 충실한가 등과 같은 궁극적 교회다움의 모습이 교회의 외형적 크기에 따라 어떤 변화가 있는지에 대한 고민이 있어야 한다.

즉 교회의 본질과 목회의 본질이 외형적 크기로 인해 변질되거나 방해받는 요소가 있는지 고민하면서 교회 공동체의 상황에 맞는 최적의 규모를 유지할 필요가 있다. 이와 같은 고민에 따른 용기와 결단이 목사와 교인들 가운데 나타나고 공동체가 고민한 결과에 따라 교회는 발전 방향에 대한 선택을 해나가야 할 것이다.

교회는 크다고 다 나쁜 것만은 아닌 것 같다. 그렇다고 작은 교회가 다 문제가 있거나 아름다운 것도 물론 아닌 것 같다. 교회의 외형적 크기를 결정하는 것은 교회 공동체가 함께 해야 할 일이다. 무작정 크게 성장하기를 바랄 것인지, 어느 정도 규모가 되면 분립을 할 것인지, 아니면 작은 교회를 지향할지는 목회자 한 사람의 생각으로 결정할 일이 아니고, 교회의 중직을 맡은 몇몇 교인들에 의해 정해질 사안은 더더욱 아니다. 교회의 발전 방향에 대해서는 교회 공동체가 함께 결정해 나가야 하는데, 그 결정 과정 가운데 바른 교회에 대한 고민이 반드시 있어야 한다.

만약 교회가 외형적으로 커지고 있다면 다음과 같은 고민이 필요하다. '대부분의 교인들이 익명의 그리스도인이 되어 가고 있지는 않는가? 교인들 대부분이 교회에서 이루어지는 여러 가지 복음 사역에 참여하고 있는가? 온 교인이 복음의 일꾼으로 훈련받고 있는가? 목회자는 모든 교인의 사정을 잘 알고 기도해 주며 격려하는 목양에 충실한가? 말씀 사역과 다른 여러 대외적인 사역과 교회 조직을 관리하는 일에 에

너지를 쏟는 일이 교인을 돌보는 일과 잘 조율되어 목회자의 원래의 역할인 목양이 조화롭게 이루어지고 있는가?' 이러한 일련의 고민들이 교회의 발전 방향을 결정하는 데 중요하게 자리 잡아야 할 것이다.

나는 여기서 교회의 크기를 말하려는 것이 아니다. 큰 교회는 문제가 많고, 작은 교회는 아름답다고 말하려는 것이 아니다. 교회의 분립이 좋은 것이라고 말하려는 의도도 아니다. 단지 교회의 크기와 관계없이 모든 교인이 교회의 선교적 역할에 기쁘게 참여하고 있는지, 목회자가 교인 한 심령, 한 심령과의 교제를 통해 웃고 울어 주는 목양의 본질에 충실한 교회를 만들어 가고 있는지에 대해 말하고 싶은 것이다.

돌이켜 보면 나는 여러 크기의 교회를 경험해 온 것 같다. 극단적인 경험을 말한다면 35명으로 시작한 교회에서 담임 목회를 해보았고, 5,000명 교회에서도 목회를 해보았다. 높은뜻정의교회가 2018년 1월 두 교회로 분립할 때 주일 출석 교인이 3,000명이었고, 분립 후 높은뜻덕소교회는 주일이면 1,000명이 넘게 모여 하나님께 예배한다.

아마도 이 글을 읽는 사람들 중에는 "1만 명 교회 목회도 못 해보고 무슨 대형 교회를 말할 수 있는가?"라고 반박하는 사람도 있을 것이고,

"1,000명의 교인이 출석하는 교회의 목사가 어떻게 작은 교회의 입장에서 말할 수 있는가?"라고 지적하는 사람도 있을 것이다. 그러나 다시 한 번 말하지만, 나는 교회의 외형적 크기를 말하려는 것이 아니다. 교회의 본질과 목회의 본질이 교회의 크기에 의해 영향을 받는다면 교회의 크기에 대한 조정이 가능해야 한다고 생각한다. 그리고 그 용기를 목사와 교인이 가질 수 있어야 한다고 본다. 왜냐하면 그것이 교회의 건강성을 회복하는 중요한 요소이기 때문이다.

그렇기에 이 책에서는 교회 분립을 위한 절차나 일정과 같은 기획 차원에서의 설명이 아니라 (물론 그 부분도 약간은 정보를 공유하겠지만) 교회를 분립해 크기를 줄이기까지의 목회적 고민을 주로 소개할 것이다. 교회 분립이 건강한 교회를 위한 목회적 고민에 따른 결과물이기 때문에 그 고민부터 설명을 시작하는 것이 도움이 될 것 같아서다.

혹 교회 분립이나 한 부분을 떼어 개척하는 일을 마음에 두고 있는 교회라면 먼저 교회와 목회에 대한 고민부터 시작하면 좋겠다는 말씀을 드리고 싶다. 교회 분립은 생각하지 않지만 그래도 건강한 교회와 목회에 대한 고민을 하는 교회에게는 이 글이 좋은 교회, 좋은 목회에 대해 조금이나마 도움이 되면 좋겠다.

교회의 분립 과정을 글로 남겨 독자들과 공유하고자 한 것은 혹 이 시대에 부목사님을 세워 교회를 새로 개척하려 하거나 건강한 교회의 분립을 계획하고 있는 교회들이 있다면 조금이나마 도움이 되고 싶어서다. 분립을 두 번 해본 목사의 경험이 개척이나 분립을 계획하는 교회들에게 크고 작은 시행착오를 줄이는 데 도움이 된다면 그것으로도 이 글은 의미가 있을 것이라 생각한다.

한 목회자의 고민이 책으로 출판되어 세상에 드러나는 것은 매우 부끄러운 일인데, 이처럼 소박한 고민도 한국 교회에 도움이 된다 하여 출판을 도와주신 생명의말씀사에 언제나 감사한 마음뿐이다.

또 교회의 분립 전 과정에서 함께 기도하며 어려운 결정을 해주신 높은뜻정의교회 교인들과 분립한 새 교회에 참여해 주신 높은뜻덕소교회 모든 교인들에게 감사의 마음을 전한다. 그리고 예배의 장소를 내어 준 덕소고등학교와 덕소 지역에 들어올 수 있도록 허락해 준 지역 교회에 감사를 드린다. 그리고 무엇보다, 힘든 과정을 묵묵히 함께해 준 가족에게 더없는 고마움을 느낀다.

오대식 목사

**들어가며 2**

## 분립은 '내려놓음'입니다

    우리 교회 이름 앞에 '높은뜻'을 붙이고 있습니다. 하나님의 마음이 '높은뜻'입니다. 이 땅에 하나님 나라를 세우는 일은 모든 교회와 모든 그리스도인의 책무라고 생각합니다. 그러나 교회마다, 교인마다 하나님의 뜻을 달리 해석하는 것 같습니다. 저는 하나님의 뜻, '높은뜻'을 성경 66권을 함축한 단어인 '사랑'에서 찾고 싶습니다. 머릿속에 맴도는 사랑이 아닌 몸으로 실천하는 사랑이 '높은뜻'이라고 생각합니다. 그렇게 될 때 하나님을 사랑할 수 있고, 형제와 이웃뿐 아니라 원수까지도 사랑할 수 있게 됩니다. 그때 이 땅이 하나님 나라가 될 것입니다.

    사랑의 실천은 추상적이거나 관념적이 아니라 구체적이어야 합니다. 누군가는 사랑이 머리에서 가슴으로 내려오기까지 평생이 걸렸다고 말했습니다. 그 정도로 어려운 것이 사랑입니다. 지갑을 기꺼이 열고, 자신의 시간과 재능과 마음을 필요로 하는 사람들에게 나누어 주는 것이 바로 진정한 사랑이 아닐까 합니다.

    그런 차원에서 교회의 분립도 사랑을 실천하는 하나의 방법이 아닐까 합니다. 사랑은 자기 손해가 전제되어야 합니다. 스스로 불편을 감내할 때 가능한 것입니다. 대형 교회에서 누릴 수 있는 자부심("나는 ○○교회 교인이야", "○○○목사님이 우리 교회 담임목사님이야" 등), 다양한 사역과 풍부한 프로그램을 누릴 수 있는 매력, 익명성의 편안함 등을 포기하기를 선택하는 것이 구체적으로 사랑을 실천하는 일이라고 봅니다.

우리 교회가 분립을 추진한 이유는 예배 공간의 한계, 주차 불편 등 물리적인 이유도 한몫했지만, 근본적인 이유는 교회의 규모가 커지는 데 대한 회의와 자기 성찰에서 찾아야 할 것 같습니다. 2009년 정의교회 첫 예배에서 "3,000명이 되면 교회를 분립할 것"이라는 설교 말씀을 하나님의 음성으로 받아들였기 때문이 아닌가 합니다.

민들레 홀씨가 또 다른 지역으로 날아가 그곳에서 건강한 씨앗을 틔우는 것처럼, 높은뜻교회는 안주하는 교회, 성장을 즐기는 교회가 되어서는 안 될 것입니다. 더 커질 수 있음에도 스스로 내려놓고 포기하는 것, 누림의 기득권을 내려놓고 더 작아짐을 통해 새로운 지역의 약자를 섬길 기회를 넓히고, 작아진 교회 안에서 목회자와 교인의 만남 기회와 소통의 증대로 인해 순기능을 확대하고, 그 과정을 통해 교회의 건강성을 확립하고, 교인의 믿음을 한 단계 더 성숙시키는 것. 우리에게는 이러한 기대가 있었습니다.

하지만 분립은 결코 생각처럼 쉽지 않았습니다. 당장 교인들의 마음을 아프고 힘들게 했기 때문입니다. 머리로는 분립의 정당성, 필요성을 인정하지만, 가슴으로는 헤어짐에 대한 서운함, 담임목사님의 설교를 듣기 위해 정의교회에 등록해 신앙생활을 해온 상당수의 교인들의 경우 목사님이 떠난다는 것에 대한 실망과 배신감이 없지 않았을 것입니다. 그리고 2009년 높은뜻숭의교회에서 높은뜻정의교회로의 분립을 경험한 교회 중직들의 실망감은 아마도 당시의 트라우마 때문이 아닌가 합니다.

분립준비위원회가 주관한 분립 찬반 투표에서 78%가 찬성을 했지만, 막상 높은뜻덕소교회로 이동해 온 교인은 전체의 4분의 1 정도인 700여 명이었습니다. 이처럼 분립에 찬성한 상당수 교인이 정의교회에 남아 있는 것을 보면서 분립은 찬성하지만 덕소교회로 옮기는 문제는 결코 만만치 않으며, 불편함이나 서운함 등 다양한 아픔이 존재했다는 것을 알 수 있었습니다.

분립을 위해 3년 동안 준비했습니다. 분립의 타당성과 당위성에 대해서, 분립의 절차와 방법에 대해서, 분립 이후의 교회 미래 발전을 위해서 교인들을 대상으로 한 설명, 의견 수렴을 위한 설문과 투표 등 다양한 방법을 활용했습니다. 하지만 그래도 이해하지 않으려는 성도들이 적지 않았습니다. 기도, 기도밖에는 대안이 없었습니다. 분립을 위한 중보기도팀의 쉼 없는 기도가 있었고, 분립을 위한 기도문을 작성한 후 전 교인이 합심 기도를 했기 때문에 가능했던 일이 아닌가 합니다.

우리는 하나님의 역사하심을 기대합니다. 높은뜻정의교회나 높은뜻덕소교회가 분립 이후에 어떤 변화, 어떤 성장을 할지 기대가 됩니다. 교인 숫자나 헌금이 증가하는 외적 성장이 아닌 개인의 믿음의 분량이 성장하는 내적 성장이 얼마나 증대될 것인지가 말입니다.

선교 차원에서 본다면 덕소고등학교 학생들을 대상으로 한 학원 선교에 집중할 수 있다는 것, 도봉 지역보다 더 열악한 덕소 지역의 소외 계층을 세심하게 보듬을 수 있다는 것, 8개월 만에 400여 명이 새로운 안식처를 찾아 믿음을 새롭게 할 수 있었다는 것[새로 등록한 교인들을 분석해 보면, 상당수가 교회 내분으로 좋은 교회를 찾고 있거나 교회를 쉬고(?) 있는 가나안 교인이었습니다]은 교회가 분립을 해 높은뜻덕소교회를 세우지 않았다면 생각할 수 없었던 일입니다.

"예수 천당, 불신 지옥!"을 외친다고 전도가 되는 시대는 지났다고 봅니다. 우리가 살아가는 모습을 보고 "당신이 믿는 예수가 누군지 궁금해 교회에 한 번 가 보고 싶습니다"라고 말하는 주변 사람이 나와야 참된 선교, 진실한 교인이 아닐까 합니다. 땅 끝까지 가서 복음을 전하라는 명령을 기꺼이 실천하는 정의교회, 덕소교회 교인들이 되었으면 참 좋겠습니다.

분립은 내려놓음입니다. 낮은 곳으로 향하는 것입니다. 가진 것을 허는 것입니다. 스스로 불편해지는 것입니다. 자기희생과 양보는 '높은뜻'을 실천하는 가장 기초적인 일이라고 할 수 있습니다. 분립은 자랑할 일이 아닙니다. "어떤 교회는 자녀에게 교회를 물려주었지만 우리는 분립을 택했다"고 광고할 일도 아닙니다. 우리가 믿는 예수님이 하라시면 "예" 하고 따를 뿐입니다.

분립준비위원장으로서 서툴고 부족했던 점, 그리고 모든 교우의 마음을 하나로 아우르지 못한 부분이 있었다면 이 자리를 빌려서 용서를 구합니다.

높은뜻정의교회와 높은뜻덕소교회
분립준비위원장
윤혁경 장로

1. 교회가 선교를 고민하는 시대에
2. 목사는 무엇을 위해 기도하는가?
3. 그래, 다시 고백(Go-back)이다!

Part1

# 우리 시대 목회,
## 그리고 교회

chapter 1

# 교회가 선교를 고민하는 시대에

교회는 선교를 어떻게 해야 할까? 목회를 하는 목사나 교인이나 이 고민을 하지 않는 사람은 아마도 없을 것이다. 특별히 교회가 오히려 선교를 막고 있다는 비난이 난무한 요즘 교회의 선교는 정말 깊이 생각해 보아야 할 문제이고, 또한 어떠한 희생을 치러서라도 실천해야 할 문제다.

2017년, 우리는 종교개혁 500주년을 맞이했다. 곳곳에서 다시 개혁교회의 모습을 회복하고 교회의 선교적 사명을 감당해야 한다고 많은 소리를 냈다. 그렇다면 개혁교회의 선교에 대한 사명은 초기에 어떠했는지, 그래서 우리가 회복해야 할 개혁교회의 선교적 모습은 무엇인지를 알아보는 일은 매우 중요할 것 같다.

역사적으로 보면, 개혁교회는 선교에 대해 그렇게 좋은 점수를 받지 못한 상황에서 출발했다. 종교개혁 당시 개신교는 선교에 관심이 없는 집단이라는 비난을 받았었다. 천주교도들이 개신교도들은 선교에 관심이 없다고 비난하며 선전했기 때문이다.

특히 당시 예수회 회원이자 가톨릭교회 신학을 학문적으로 정리했던 이탈리아의 로베르토 벨라르미노 추기경은 개신교에 대해 선교에 무지한 자들이라며 흑색선전을 했다. 그는 이탈리아의 철학자이자 천문학자인 조르다노 브루노를 화형시킨 장본인이고, 갈릴레오 갈릴레이의 지동설을 반박하고 가톨릭교회를 변호하는 일에 앞장선 인물로, 오랜 시간이 지난 1930년에 로마 교황청에 의해 성인으로 시성(諡聖)되었으며 '교회학자'라는 칭호를 얻었다. 그는 개혁교회를 향해 "개신교도들은 자신들을 사도나 전도자들과 비교하지만 수많은 이웃이 있음에도 불구하고 한 손으로 꼽을 수 있을 만큼 개종시키지 못하고 있다"는 독설을 서슴없이 퍼부었다.

그런데 불행하게도 그의 말은 대부분 사실이었다. 당시의 개혁교회는 소위 가톨릭교회가 말하는 선교를 감당할 수가 없었기 때문이다. 그 이유는 첫째, 16-17세기 박해와 생존으로 인해 로마 가톨릭과 대결할 힘이 없었고, 둘째, 아시아, 아프리카, 신대륙 등 선교지로 가는 모든 길을 스페인과 포르투갈 등 가톨릭 국가가 독점하고 있었으며, 셋째, 개신교는 복음 전도를 효과적으로 수행했던 수도원 조직이 없었기 때문이었다. 이러한 이유들로 결국 개혁교회는 당시로서는 가톨릭교회처럼 선교를 하기에는 힘이 턱없이 부족했던 것이 사실이다.

그러나 종교개혁자들은 다른 일에 관심을 기울였다. 그들은 교회와 신앙의 많은 부분을 개혁하는 데 더욱 몰두했고, 평신도가 성경을 읽을 수 있도록 힘을 기울였으며, 누구나 하나님께 나갈 수 있는 만인제사장설을 가르치는 일에 온 힘을 다했다.

그런데 이상한 일이 벌어졌다. 그렇게 교회를 개혁하고 교인들의 삶을 바꾸기 위해 애를 쓴 일이 오히려 당시 사회 전반에 있어서 참된 선교를 가능하게 했던 것이다. 개혁교회는 개개인적 선교의 기초를 닦은 것뿐이고, 신자 개개인이 삶으로 전하는 선교를 가르쳤을 뿐인데 여기에서부터 새로운 선교의 개념이 싹튼 것이다.

당시 가톨릭 선교는 교회와 수도원에서 모든 것을 기획하고 주관했다. 교인들은 헌금을 했고, 교회는 선교를 했던 것이다. 조금 쉬운 말로 표현하면, "교인들은 돈만 내십시오. 선교는 교회가 하겠습니다"라고 할 수 있을 것이다. 이에 반해 개혁교회의 선교 정신은 교인들 개개인의 삶에서, 일상생활 중에 드러났다고 볼 수 있다. 생활의 모든 영역에서 하나님의 사람으로 변화된 삶을 고집했던 것이 선교의 개념을 새롭게 바꿔 놓았던 것이다.

우리는 역사적으로 놀라운 일을 하나 보게 된다. 영국 청교도들의 신대륙 이전이다. 이 사건은 세계 선교 역사의 지도를 바꿔 놓은 역사적인 사건이다. 그런데 그 시작은 교회의 치밀한 선교적 계획에서 비롯한 것이 아니었다. 하루하루 일상 속에서 신앙의 자유를 찾아 신앙생활을 잘해 보고자 했던 개혁교회 교인들 때문이었다. 아무리 생각해 봐도 오늘날 한국 교회는 선교와 봉사에 대한 방법론을 연구하고 말해야 하는 시대는 아닌 것 같다. 교회가 선교를 막고 있는 시대라고 말하는데, 어떻게 교회가 선교에 대해 말하며 그 방법을 논할 수 있을까? 조직폭력배들이 고아원을 돕는다고 사람들이 감동할까? 그들이 할 수 있는 대사회적 봉사는 폭력으로 불법 행위를 저지르는 일을 그만두는 것 자체라는 사실을 알아야 한다.

2011년 3월 11일 후쿠시마 원전 폭발 사고 때 그 위험한 후쿠시마에 제일 먼저 들어간 사람들은 일본의 조직폭력배인 야쿠자들이었다. 후쿠시마 원전을 감독하는 회사인 도쿄전력이 원전 사고를 처리하는 일을 민간 회사들에게 하청을 주었는데 그때 야쿠자들이 경영하는 회사들이 그 위험한 일을 하겠다고 신청해 야쿠자들을 투입시켰던 것이다. 일본 사람들은 그들을 '원전 사무라이'라 불렀다. 그러나 문제는 그들의 애국심에 대해 일본 국민 중 누구도 감동하지 않았다는 것이다. 오히려 도쿄전력은 폭력단 배제를 발표하고 하청업체 선발에 있어서 심사를 강화하겠다고 발표했다. 그리고 협력 기업들에게 야쿠자 채용을 금하라는 지시를 내렸다.

야쿠자가 일본 국민에게 감동을 주기 위해서 해야 하는 일이 무엇인가? 위험한 후쿠시마 원전에 들어가 방사능 피폭을 무릅쓰고 사고 처리를 감당하는 것이 아니다. 성탄절에 야쿠자들이 고아원을 방문해 아이들에게 선물을 준다고 칭찬받을 수는 없다. 야쿠자들이 국민에게 인정

받는 좋은 사람들이 되기 위한 유일한 방법은 조직폭력 단체를 해체하는 것뿐이다. 사회에서 자신들의 조직을 스스로 없애는 것이 가장 국민을 위하는 행동인 것이다.

교회가 스스로 선교를 막고 있는 시대에 선교란 무엇일까? 어떻게 해야 선교가 가능할까? 지금의 선교는 교회를 바르게 세우는 것 자체라고 생각한다. 오늘날 사회와 시대를 위한 사역자들의 봉사는 교회를 바르게 세우는 것 자체일 것이다.

그렇다면 교회를 바르게 세운다는 것이 무엇인가? 담임목사직을 세습하지 않으면 되는가? 재정이 투명하면 되는가? 교회 운영을 민주적으로 하면 되는가? 다 필요하다. 그러나 모두 표면적인 것에 불과하다. 우리 시대의 효과적인 선교를 위한 히든 이슈, 즉 감추어진 요소가 있다. 그것은 바로 교회가 교회의 본래 특성을 나타내야 한다는 것이다.

간디 자서전을 보면, 간디는 그리스도인들이 힌두교도들보다 사랑과 희생 정신이 없다고 기독교를 평가했다. 그러면서 기독교는 천국을 말하지만, 천국을 보여 주지는 못한다고 했다. '현대 선교의 아버지'라 불리는 스탠리 존스는 그의 저서 『인도의 길을 걷고 있는 예수』에서 교회는 선교의 주체이면서 객체가 되어야 한다고 말했다. 교회는 이 시대 선교의 주체자가 되면서, 또한 선교의 대상이 된다는 사실을 잊어서는 안 된다. 그렇다면 답은 어렵지 않게 얻을 수 있다. 교회가 교회다움을 회복하는 길이 가장 중요한 선교가 되기 때문이다.

많은 사람이 하는 교회에 대한 걱정은 대체로 몇 가지로 집약된다. 교회가 돈을 너무 좋아한다는 것이고, 세속 권력을 지향한다는 것이며, 그것이 목회자들의 욕심에서 비롯되었다는 것 등이다. 교회의 대형화는 그 자체가 나쁜 것은 아니다. 교회가 커지는 것은 문제 될 일이 아니고, 막아야 하는 일도 결코 아니다. 그러나 교회가 외형적으로 커 가는 것이 오늘날 사람들이 우려하는 걱정의 요인이 된다면 이는 과감하게 도려내야 할 환부이지, 목회의 올바른 방향이라 볼 수 없다.

그렇기에 목사는 끊임없이 교회와 목회에 대해 고민해야 한다. 잘못된 커짐이 있을 수 있고, 좋은 작아짐이 있을 수 있기 때문이다.

chapter 2

# 목사는 무엇을 위해 기도하는가?

한국 사람의 언어 중 정말 알 수 없는 개념이 하나 있다. 그것은 '적당히'라는 말이다. 음식을 요리하다가 양념을 넣을 때 "적당히 넣으면 됩니다"라는 말은 차라리 애교 있는 표현이다. 결혼이 절실한 결혼적령기를 넘긴 자녀들이나 청년들에게 "'적당한' 데 있으면 시집이나 장가나 가라"라는 말은 거의 재앙에 가깝다. 이렇듯 생활의 사소한 문제에서부터 인생의 가장 중요한 문제까지 우리는 '적당히'라는 말을 아주 자주 사용하고 있다.

그러나 원래 '적당하다'라는 말은 부정적인 뜻을 가진 단어가 아니었다. 이 단어의 첫 번째 사전적 의미는 '정도나 이치에 꼭 맞다'이다. "정확하게 하라"고 말할 때 쓰이는 단어다. 사전을 보면 또 다른 뜻이 함께 나온다. '임시변통으로 대충 하다'라는 뜻이다. "대충대충 하라"고 할 때 쓰이는 말이다. 이상하게도 한 단어에 서로 상반되는 두 개념이 공존한다. 그런데 이것은 사전적 의미일 뿐, 오늘날 주로 사용되는 뜻은 둘째 개념이 대부분이다. '적당히'라는 말이 '대충대충'이라는 의미로 사용되고 있는 것이 현실이다.

언어는 생활을 지배한다고 한다. '적당히'라는 말을 자주 쓰게 되면 정말 적당히 살게 된다는 뜻이다. 생활의 소소한 요리에서부터 매우 중요한 결혼 문제에 이르기까지 말 그대로 '적당히' 하려는 습성이 우리에게 있는 것은 아닐까? 그런데 이러한 태도는 신앙생활에도 그대로 적용된다. 우리는 신앙생활이 얼마나 중요한지 잘 모르고 신앙생활마저도 적당히 하려 한다.

교인들이 교회를 많이 떠나고 있는 오늘, 교회가 사회로부터 많은 비난을 듣고 있는 오늘, 그리스도인이라는 사실을 밝히는 것조차 부끄러울 정도로 기독교가 사람들로부터 호감을 얻지 못하는 오늘, 아직까지 교회에 남아 있는 교인들은 어쩌면 신앙생활을 철저하게 하고 있는 분들인지 모른다. 주일을 잘 지키고, 성경을 매일 읽으며, 기도를 생활화한 분들은 적당한 신앙과는 거리가 멀다고 봐야 할 것이다.

그런데 정말 그럴까? 아직 교회에 남아 있다는 것만으로 우리는 우리의 신앙이 적당한 신앙이 아니라 철저한 신앙이라고 자부할 수 있을까? 나의 신앙이 적당한지 아닌지를 알아볼 수 있는 기준들이 있다. 우선, 다음의 질문들에 얼마나 확실하게 대답할 수 있는지 한번 체크해 보라.

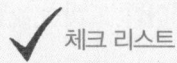 체크 리스트

☐ 예배를 드릴 때마다 편안함과 안정감을 찾기보다
철저한 회개를 원하는가?

☐ 예배의 찬양과 기도 시간에 잠깐 몰입되는 것이 아니라
그 시간에 정말 나 자신의 변화를 바라고 있는가?

☐ 내가 하나님과 사람들에게 사랑받기를 원하는 만큼
인종과 신분을 무론하고 모든 사람을 사랑하려 하는가?

☐ 내 안에 있는 정욕과 탐심을 증오할 정도로
복음을 간절히 원하는가?

☐ 하나님이 지난 한 주간의 내 죄를 용서해 주시기를 바라는 만큼
나도 다른 이들의 잘못이나 실수를 조건 없이 용서하려 하는가?

☐ 원수를 사랑하는 것, 자기를 부인하는 것을 생활에
철저하게 적용하려 하는가?

☐ 힘든 곳, 낯선 오지에 가서 선교 사역을 할 것을 고려할 정도로
복음 전파에 간절함이 있는가?

☐ 그리고 이런 모든 도전이 성령을 통해 내게 오기를
간절히 사모하는가?

내 삶의 방향이나 목적을 구체적으로 바꿀 정도의 복음이 아니라, 그저 내 가족이 안정된 생활을 누리고, 마음의 평안을 느끼며, 사회에서 칭찬을 들으며 윤리적으로 바르게 행동하는 정도의 복음이면 충분하다고 생각하는 것, 지나치거나 중독되지 않는 범위 내에서 나를 행복하게 해주면 된다고 생각하는 정도로 신앙을 생각한다면 그것은 '적당한' 것이다.

많은 사람이 교회의 세속화를 걱정한다. 교회의 세속화가 교회의 본질을 잃게 한다며, 세속화가 교회와 기독교를 망친다고 생각하고 있다. 그러면서 '신앙의 세속화'란 세상의 문화로 인해 우리 신앙의 본질이 변화되는 것이라고 말한다. 그래서 교회 안에서조차 세속화를 야기하는 세상 문화의 뿌리를 자르려고 하는 사람들이 많다.

그러나 교회의 세속화란 무엇인가? 우리 시대에 가장 존경받는 신학자 중 한 분인 D. A. 카슨은 세속화란 "우리의 신앙을 포기하도록 하는 어떤 사회적 자극을 의미하는 것이 아니라, 신앙이 내 삶의 우선순위에서 밀려나는 과정을 말하는 것"이라고 말했다. 그러면서 세속화의 두드러진 원인은 신앙을 희생이 아닌 안정감으로 이해하기 때문이라고 설명했다. 신앙은 희생을 의미하는데, 우리는 희생보다는 편안함과 안정감을 찾으려 하며, 여기에서 세속화가 일어난다는 것이다. 그런 의미에서 교회는 세속화가 심각하게 이루어지고 있는 곳이다.

오늘날 성도들은 세상의 문화와 싸워 이기려고 교회에 더 자주 모이고, 예배를 더 많이 드리고, 세상의 유행가보다 찬송을 더 많이 부르고,

예수 믿는 사람들과만 사귀고, 성경을 더 많이 이야기하려 한다. 그것이 세속화를 극복하는 방법이라고 생각한다. 그러나 잘못된 생각이다. 내 믿음이 내 삶에 안정감과 편안함을 주는 것이라고 여긴다면, 그것은 이미 세속화된 신앙이다. 이것이 바로 적당한 믿음, 적당한 신앙생활인 것이다. 우리의 적당한 신앙이 기독교의 세속화를 부추기고 있는 것이다.

### 목사는 무엇을 하는 사람일까?

목사는 교인들의 신앙이 세속화되지 않도록 돕는 자다. 이 일을 위해 기도하고, 이 일을 위해 목회를 하는 자가 목사다. 그러면 목사는 교인들의 신앙의 세속화를 막기 위해 어떤 기도를 해야 하는가?

이 질문의 답은 목회를 가장 먼저 시작한 사도 바울에게서 찾아볼 수 있다. 바울은 빌립보 교인들이 적당한 신앙생활에 빠지지 않도록 격려했다. 빌립보교회는 바울이 제2차 전도여행 기간에 빌립보 지역에 세운 교회로서, 바울에게 아주 특별했다. 빌립보서는 바울이 로마 감옥에 갇혀 있을 때 빌립보 교인들에게 쓴 서신으로, 자신이 세운 교회에 10여 년 만에 옥중에서 서신을 보낸 것이었다.

내용은 그리스도의 고난과 죽음과 부활에 대한 참된 뜻을 말하면서 어떤 상황에서든지 기뻐하고, 복음을 지키고, 복음의 진보를 이루라는 당부다. 옥에 갇혀 있는 바울이 손수 고난의 삶을 살면서도, 오히려 밖에 있는 교인들을 권면하는 내용이다. 교회를 세우신 분은 하나님이시지만, 교회를 잉태해 조직한 바울은 빌립보 교인들에게 간절한 마음으로 권면을 했다.

바울은 자신이 빌립보 교인들을 위해 기도하고 있다고 반복해서 말하면서, 그들이 선악을 분별하고, 진실하여 허물이 없는 삶을 살기를 원했다(빌 1:9-11). 바울 자신도 로마 감옥에 갇혀 있는 극도의 고난의 상황이었지만 그런 환경까지도 복음의 진전을 위한 것이라고 고백했다.

"형제들아 내가 당한 일이 도리어 복음 전파에 진전이 된 줄을 너희가 알기를 원하노라"(빌 1:12).

바울은 자신의 고난까지도 복음을 위한 열매가 될 것을 상기시키며 교인들을 향해 복음에 집중하는 삶, 복음에 진전이 있는 삶을 살도록 기도하고 있다고 고백했다. 오늘날의 언어로 감히 바꾼다면, 마치 교회를 세운 담임목사가 신앙생활을 하는 교인들에게 당부하는 말이라고 할 수 있다. 목사에게 있어서 교인들을 위한 기도가 끊이지 않아야 한다면, 그 첫째 기도 제목은 교인들이 복음을 위한 일에 참여하도록 간구하는 것이다. 복음의 열매가 가득한 삶이 되어 그들의 삶을 통해 복음의 진전이 이루어지도록 하는 것이다.

교인들이 목사에게 부탁하는 내용 중에는 기도 부탁이 제일 많다. "목사님, 저와 우리 가정을 위해 기도 많이 해주세요!"라고 말한다. 그렇다. 담임목사의 임무 중 가장 중요한 것은 교인들을 위해 기도하는 것이다. 그러나 무엇을 위해 기도할 것인가? 교인들의 안정감과 편안함만을 위해 기도한다면 교인들의 신앙의 세속화를 부추기는 삯꾼 목자가 되고 말 것이다.

나는 2015년 한 해 동안 안식년을 가졌다. 안식년 기간 중 한적한 시골에 오래 머물면서 작은 교회의 교인이 되어 두고 온 우리 교인들을 위한 기도를 하나님께 드렸다. 특별히 힘들고 어려운 교인들을 위해 간절한 기도를 매일 드렸다. 그런데 그 기도에 그들이 하나님의 뜻을 받아들이게 해달라는 기도를 하나 더했다. 그리고 그로써 복음의 진전이 있게 해달라고, 끝까지 복음에 참여하게 해달라고 기도했다.

사실 따지고 보면 교인들의 입장에서는 담임목사의 기도를 너무 좋아하지 말아야 한다. 담임목사의 기도는 궁극적으로 교인들의 희생과 낮아짐을 위한 기도이기 때문이다. 교인들이 안정되고 편안한 삶을 살게 해달라는, 즉 적당히 신앙생활을 하게 해달라는 기도가 아니라 처음부터 끝까지 복음에 참여하는 삶을 살게 해주시고, 어떤 상황에서도 복음의 진전을 이루는 삶을 살게 해달라는 기도이기 때문이다.

목사란 무엇을 하는 사람일까? 이 질문에 대한 정확한 답을 알려면, 운동회의 꽃인 줄다리기를 떠올리면 좋을 것이다. 운동장 한가운데 흰색 선이 그어져 있고, 그 위에 흰색 리본을 매단 굵은 밧줄이 길게 놓여 있다. 양 팀이 서로 줄을 당겨 리본이 자기 팀으로 넘어오도록 힘을 쓰는데, 우리의 신앙생활이 꼭 그와 같다. 하나님과 우리가 소위 '밀당'(밀고 당기기)을 하는 것이다. 여기서 목사는 리본이 하나님 쪽으로 넘어가도록 하나님과 함께 힘써 줄을 당기는 사람이다. 그리고 힘써 줄을 당기는 행위가 바로 목회다.

많은 교인이 목사가 자기 쪽으로 와서 리본이 자기 쪽으로 넘어오도록 함께 줄을 당겨 주기를 바란다. 그런 사람이 좋은 목사요, 교인을 사랑하는 목사라고 생각한다. 그러나 그는 바른 목사가 아니요, 바른 목회를 한다고 볼 수 없다. 목사는 하나님 쪽에 서서 하나님이 줄다리기에서 이기시도록 하나님과 함께 줄을 당겨야 한다. 하나님이 이기시도록 하기 위해, 즉 교인들이 하나님 쪽으로 깊숙이 들어오도록 하기 위해 때로는 교인들의 다리를 걸기도 하고, 힘을 쓰지 못하도록 옆구리를 치기도 해야 한다.

이런 생각을 하면서 안식년 후의 목회에 대한 구상을 하게 되었다. 그리고 교인들을 안락한 생활을 추구하는 신앙인이 아닌, 복음을 위한 특공대 같은 신앙인으로, 그래서 한국 교회를 살려 내는 사람들로 키우고 싶었다. 단지 교회 구성원의 20% 정도의 일꾼들을 키우는 것이 아니라 100%, 즉 모든 교인이 하나님과의 줄다리기에서 다 하나님 쪽으로 넘어가 하나님의 일을 감당하도록 성장하게끔 돕고 싶었다. 교회의 분립은 바로 그런 고민에서 시작되었다.

chapter 3

# 그래, 다시 고백 Go-back이다!

나중에 다시 자세히 설명하겠지만, 교회의 분립은 하루아침에 이루어진 일이 아니다. 교인들과 함께 3년을 치밀하게 준비했다. 2017년 새해가 되었을 때, 즉 교회를 분립하기 위해 준비하는 마지막 해를 맞이했을 때 교회는 3년이라는 분립의 긴 준비 기간을 마무리하면서 그동안 막연하게 생각했던 분립의 일들을 구체적으로 시행했다.

교인들의 생각을 하나로 묶고, 함께 사명을 감당할 수 있도록 동기를 부여하는 일이 무척 중요한 때였다. 나름 한국 교회를 회복하기 위한 일이라고 생각해 준비하고 있는 일이었기에 온 교인이 함께 참여할 수 있도록 힘껏 격려하는 일이 무엇보다 필요한 해였다. 2017년은 또 종교개혁 500주년이기도 했다. 교회 창립 10주년을 앞두고 교회의 분립을 준비하는 해와 종교개혁 500주년이라는 무척 뜻깊은 해가 겹치게 되어 교회로서는 새로운 각오 아래 분립을 하는 것이 필요했다.

종교개혁 500주년을 맞이하면서 교계 여기저기에서 종교개혁의 정신을 말하며 그 정신을 이어 가야 한다고 이야기했다. 하지만 정작 필요한 것은 실천이라고 생각했다. 개혁교회는 끊임없이 개혁되어야 하는데 '개혁된다'는 것은 '실천한다'는 의미이기 때문이다. 교회의 분립 시기를 종교개혁 500주년에 맞춘 것도 그런 의미가 없지 않았다. 그래서 분립을 앞둔 2017년 교회의 표어를 "고백"(告白, Go-back)으로 정했다. "우리의 신앙을 다시 고백(告白)하자"는 의미도 있었고, "종교개혁의 신앙으로 돌아가자(Go-back)"는 의미도 함께 넣었다. 표어대로 우리의 신앙을 고백하며 옛 개혁의 정신으로 다시 돌아가면 되는 것이었다.

기독교를 개신교라 한다. 개신교는 종교개혁을 통해 새로워진 기독교를 말하는 것으로, 개혁교회를 뜻한다. 개혁교회의 가장 중요한 정신은 개혁교회의 교리를 지키는 것이 아니다. 기독교의 본질이 변질되지 않도록 끊임없이 개혁하려는 정신을 가진 교회가 개혁교회다. 즉 끊임없이 원점으로 되돌아가야 하는 것이 개혁교회의 정신인 것이다. "Go back!"은 바로 그 정신을 표현한 것이라 할 수 있다.

사실 우리는 종교개혁이라는 말은 많이 들어 왔지만 자세히 알지는 못한다. 그저 면죄부가 잘못된 것이라는 정도만 알 뿐이다. 그러나 종교개혁은 훨씬 더 깊은 의미의 개혁운동이었다. 개혁교회의 뿌리를 갖고 있는 개혁교회들은 종교개혁의 정신을 보다 더 정확하게 알 필요가 있다.

### 교회를 살리기 위해서는, 공짜는 없다

로마에 있는 4대 성당 중 하나인 산 조반니 대성당 앞에는 비교적 규모가 작은 스칼라 산타 성당이 있다. 스칼라 산타 성당은 산 조반니 대성당이 교황청으로 사용되면서 교황이 기도하는 기도 처소로 사용되었다고 한다. 스칼라 산타 성당의 문을 들어서면 계단이 나오는데, 이 계단이 매우 유명하다. 모두 28개로 이루어진 나무 계단을 무릎으로 하나하나 오를 때마다 주기도문을 외우면 죄가 사해진다고 알려져 있기 때문이다. 콘스탄틴황제 시대에 황제 어머니의 명령으로 예루살렘의 빌라도 총독의 관사에 있던 나무 계단을 뜯어 이곳으로 옮겨 놓았다고 한다. 예수님이 바로 이 나무 계단을 오르면서 빌라도의 심문을 받으셨다고 해서 오늘날에도 예수님이 밟으셨던 계단을 밟고 싶어 하는 신도들이 줄을 서 있다.

500년 전, 마르틴 루터는 이 계단을 오르면서 주기도문을 외웠다. 그러나 무릎으로 하나하나 계단을 오르면서 주기도문을 외우던 루터는 2층까지 오르지 않고 성당을 뛰쳐나갔다. 그 이유는 죄의 용서가 주기도문을 주문같이 외우며 무릎으로 빌라도의 계단을 오른다고 해결되는 것이 아님을 알았기 때문이다. 결국 그는 오직 말씀으로 돌아가 우리의 신앙을 철저하게 고백하는 것만이 구원에 이르는 유일한 길이라는 사실을 무지한 신도들에게 알려 주어 잘못된 신앙을 바로잡기로 다짐했다. 이른바 종교개혁의 막이 오르는 임계점이 된 사건이었다.

2017년은 루터가 스칼라 산타 성당의 28계단을 오른 지 500년이 되는 해이고, 바로 종교개혁 500주년이 되는 해였다. 그러나 500년이 지난 오늘, 생각해 보면 여전히 우리도 빌라도의 계단을 무릎으로 오르며 주기도문을 외우고 있지는 않은지 반성하게 된다. 500년이라는 세월은 사람을 다시 율법적으로 되돌리기에 충분한 시간이기 때문이다. 적당한 예배 참여, 적당한 헌금, 적당한 구제, 그리고 적당한 감동 등 전혀 세상과 구분되지 않는 신앙인으로 살면서도 죄 사함을 받았음을 확실하게 믿고 있고, 관심이 온통 천국이 아닌 현실에만 머물러 있는 우리는 어쩌면 빌라도의 계단을 오르며 구원을 바라는 신도들과 같을지도 모른다.

우리는 '개혁정신'이라는 말을 많이 하는데, 개혁교회가 잡고 있어야 하는 정신을 의미한다. 개혁정신은 믿음을 종교적 행위가 아니라 하나님과의 관계 회복에 두는 것이고, 이 땅에서 힘과 화려함, 아름다움을 추구하지 않으며, 우리의 관심을 낮은 곳, 낮은 자에 두고 소망과 상급은 하늘에 두는 것을 말한다. 또한 개혁정신은 생활 속에서 삶으로 그리스도를 전하는 것이다. 여기에서 개혁교회의 선교와 전도의 정신이 생겨난다.

분립을 앞두고 우리 교회가 해야 할 일이 하나 있다면, 바로 개혁정신을 회복하는 것이었다. 다시 신앙의 본질을 찾기 위해 주변 것에 미련을 두지 않는 정신을 회복하는 것이 중요하다고 보았다. 이를 위해서는 더 큰 결단이 필요했다. 교회의 분립은 그러한 맥락에서 진행되었다. 교회의 분립은 교회가 커졌다고 하는 것이 아니다. 개혁교회의 신앙고백과 개혁정신으로 돌아가고자 하는 마음이 기초가 되어야 한다. 그 옛날 종교개혁은 개혁자들의 목숨을 내놓은 희생 때문에 가능했었다. 마찬가지로 우리가 교회의 개혁을 말로만 한다면 아무런 의미도, 성과도 없을 것이다. 개혁은 희생이고, 내려놓음이고, 구체적인 손해를 보는 것이다. 다시 말해, 교회를 살리기 위해서는 공짜는 없다. 희생이 동반되지 않는 개혁은 단지 소리에 불과하다.

"여호와여 우리를 주께로 돌이키소서 그리하시면 우리가 주께로 돌아가겠사오니 우리의 날들을 다시 새롭게 하사 옛적 같게 하옵소서"(애 5:21).

4. 교회 분립의 목적은 바로 '교회' 자체다

5. 교회가 분립해야 할 때

6. 교회는 교회다울 때 가장 아름답다

7. 개혁신앙, 교회 분립의 용기를 주다

# Part 2

## 도대체 왜?
### 교회 분립의 목적

chapter 4

# 교회 분립의 목적은 바로 '교회' 자체다

우리는 2017년 종교개혁 500주년을 맞이했지만, 기쁜 마음보다는 두려움과 걱정이 더 앞섰다. 많은 사람이 교회의 개혁을 말했지만 종교개혁 500주년 행사가 끝나면서 다시 제자리로 돌아갈 것 같아서였다. 그래도 종교개혁 500주년이 지난 요즘 한 가지 눈에 띄는 변화는 건강한 작은 교회 운동이다. 한국 교회를 개혁하기 위해 구체적으로 일어난 운동 중 하나로서, 건강한 작은 교회 운동이 한국 교회를 살리는 새로운 대안이 되어야 한다는 목소리가 일각에서 높아지고 있다.

그렇다면 우리는 교회의 크기에 관한 질문을 해볼 필요가 있다. "교회는 커져야 하는가, 아니면 작아져야 하는가?", "작은 교회의 유익은 무엇인가?", "교회는 크면 안 되는가?" 이런 질문들에 대한 이해가 먼저 있어야 할 것이다.

역사적으로, 교회는 커져야 한다고 주장하는 사람들이 있었다. 초대교회인 예루살렘교회도 대형 교회로 시작했으며 한 번에 3,000명 세례, 5,000명 등록을 한 교회라고 말한다. 다음과 같은 성경 말씀을 그 근거로 한다.

"그 말을 받은 사람들은 세례를 받으매 이날에 신도의 수가 삼천이나 더하더라"(행 2:41).

"말씀을 들은 사람 중에 믿는 자가 많으니 남자의 수가 약 오천이나 되었더라"(행 4:4).

"하나님의 말씀이 점점 왕성하여 예루살렘에 있는 제자의 수가 더 심히 많아지고 허다한 제사장의 무리도 이 도에 복종하니라"(행 6:7).

반면, 교회는 작아야 한다고 주장하는 사람들도 있었다. "두세 사람이 내 이름으로 모인 곳에는 나도 그들 중에 있느니라"(마 18:20)라는 예수님의 말씀에서 볼 수 있듯이, 비록 적은 사람이 모여도 주님이 계시면 교회이기 때문이다. 소아시아 7개의 교회들 중에서 상대적으로 작았던 서머나교회는 칭찬을 받았고, 비교적 컸던 라오디게아교회는 책망을 받은 사실을 설명하면서 큰 교회가 칭찬받기란 구조상 쉽지 않다고 주장하는 사람도 있다.

이 말들은 달리 표현하면, "교회는 조직이 있어야 한다"는 주장과 "교회는 조직이 없어도 된다"는 주장으로 볼 수도 있을 것이다. 사도행전 6장을 보면, 초대교회의 조직을 잘 이끌기 위해 7명의 집사들을 세우는 장면이 나오고, 고린도교회의 경우 은사 관리 차원에서 교회 조직을 운영했던 모습을 볼 수 있다. 교회에 조직이 있었음을 알려 주는 내용이다. 반면, 초대교회의 선교 여정과 이로 인해 복음이 팽창하는 모습을 보면 교회의 조직이 그다지 필요해 보이지 않는다.

그렇다면 교회는 어떤 모습이 좋을까? 가톨릭교회 학자인 한스 큉은 "교회의 본질과 형태는 동일화될 수 없다"고 말했다. 시대에 따라 교회의 형태가 커질 때가 있었고, 작아질 때가 있었다. 또한 조직화된 교회가 있을 때가 있었고, 조직이 없는 교회가 있을 때가 있었다. 이처럼 시대와 사회에 맞는 교회의 형태가 있는 것이지 교회는 정형화될 수 없다는 것이다. 그는 "교회의 외형이라는 것은 교회의 본질이 변하지 않도록 본질을 담는 틀일 뿐이다"라고 말했다.

사회적으로 기독교가 고립되었을 때 교회 공동체는 함께 모여 생활했다. 그들은 의식주를 함께 해결하고, 함께 격려하며 살았다. 이른바 카타콤, 이집트의 콥틱교회, 인도의 구자라트 지역의 교회들인데, 그들은 시대를 초월해 공동생활을 함으로써 교회의 본질을 지켜 왔다. 그러나 상대적으로 기독교 신앙 활동이 자유롭고 복음 전파가 활발히 이루어지자 교회는 효과적인 선교와 운영, 유지를 위한 조직이 필요했고, 이 조직은 교회의 외형적 대형화를 가능하게 한 환경이 되었다.

### 교회는 어떤 공동체가 되어야 하는가?

그렇다면 교회의 본질은 무엇인가? 우리는 이쯤에서 성경을 살펴보고 성경에서 답을 얻어야 한다. 마태복음 16장과 18장을 '교회 장'이라고 한다. 그 이유는 복음서에 '교회'라는 단어가 단 두 곳에 나오는데, 마태복음 16과 18장에 각각 한 번씩 나오기 때문이다.

마태복음 16장 16절에는 예수님의 제자 베드로의 신앙 고백이 나온다. "주는 그리스도시요 살아 계신 하나님의 아들이시니이다"라는 그의 고백에 주님은 "내가 네게 이르노니 너는 베드로라 내가 이 반석 위에 내 교회를 세우리니 음부의 권세가 이기지 못하리라"(마 16:18)라고 말씀하셨다. 예수님은 마태복음 18장 17절에서는 "만일 그들의 말도 듣지 않거든 교회에 말하고 교회의 말도 듣지 않거든 이방인과 세리와 같이 여기라"라는 말씀을 하시면서 '교회'라는 단어를 쓰셨다.

마태복음 16장이 교회가 세워지게 되는 원리(믿음)를 설명하는 장이라고 한다면, 마태복음 18장은 교회는 어떤 공동체가 되어야 하는지를 설명해 주는 장이다. 마태복음 18장을 좀 더 자세히 살펴보면 다음과 같다. 1-14절은 "누가 천국에 들어가는가?"라는 주제를 가지고 설명한다. 예수님은 어린아이든 누구든 업신여기지 말라고 하시면서, 그들이 천국에서 큰 자일 수 있다고 말씀하셨다. 15-20절에서는 '죄를 범한 형제들을 위한 권면과 기도'라는 주제를 설명하셨고, 21-35절에서는 '죄를 지어 공동체에서 끊긴 자들을 위한 자세'를 이야기하셨다. 예수님은 잘못을 행한 자들이 구원을 얻게 하기 위해 7번씩 70번 용서하라는 말씀과, 1만 달란트 빚진 자의 비유를 통해 용서의 자세를 가르치셨다.

마태복음 18장을 정리하면, 첫째, 교회는 천국을 소망하는 공동체이며, 그러한 공동체는 작은 자 하나, 천대받는 사람 하나도 함께 천국에 갈 수 있도록 도와야 한다는 것을 말하며, 둘째, 죄를 지어 낙심한 자를 사랑하고 용서해 함께 천국에 들어갈 수 있도록 도와야 함을 알려 준다.

바로 여기에서 '목양'이라는 개념이 나온다. 목양이란 천국에 들어가기 위해 나그네 삶을 사는 이 땅의 모든 사람을 아주 작은 자 하나까지도 소중히 여겨 독려해 믿음 생활을 하게 하는 것이다. 또한 함께 신앙생활을 하다 낙심해 공동체에서 떨어져 나간 자를 찾아가 격려하고, 죄를 지어 괴로워하는 자를 위로해 다시 용기를 주고, 죄인을 정죄하는 무리들을 가르쳐 함께 받아들이게 하며, 결국 다 함께 천국에 들어가는 것이다. 그것이 하나님이 가장 기뻐하시는 일이다. 그러므로 교회는 목양 사역에 최선을 다해야 한다. 그리고 교회의 외형은 이 본질을 잘 감당하기 위한 최적의 형태를 가져야 한다.

오늘날을 교회의 위기가 상식이 된 시대라고 말한다. 그러나 교회의 대형화를 교회의 위기로 보는 것은 잘못이다. 작은 교회도 얼마든지 교회답지 못한 모습이 있을 수 있기 때문이다. 문제는 '교회가 외형적 형태와 관계없이 본질을 감싸고 있는가?' 하는 것이다. 아니, '본질을 지키기 위한 외형적 형태를 이루고 있는가?'이다. 오늘날 한국 교회는 교회의 본질을 충실하게 수행하고 있는가? 십자가 정신으로 주님을 따르는 자들의 교제가 활발하도록 힘쓰고 있는가?

30년 정도 목회를 해보니, 교회가 외형적으로 성장하면 본질적인 일을 수행하는 데 소홀해지기 쉽다는 사실을 부정할 수가 없다. 담임목사는 외부적인 일이 많아지면서 교인들과의 일대일 접촉이 쉽지 않아지고, 부목사들은 행정적인 일이 많아지면서 목양 시간을 많이 빼앗긴다. 기도 시간보다 회의가 많아지고, 성경을 공부하는 시간보다 서류를 들여다보는 시간이 많아지는 것이 사실이다. 이것은 교회가 외형적으로 커지면 어느 교회나 일어나는 일이고, 내가 목회했던 높은뜻정의교회에서도 똑같이 일어났던 현상이다. 이쯤 되면 목사는 결단을 내려야 한다.

"우리 교회가 어디로 가야 할 것인가? 점점 더 커져서 1만 명 교회, 유명 교회의 대열에 서야 하는가? 아니면 교회의 본질인 만남과 격려, 사람에 초점을 맞춰야 하는가? 그저 교인들이 예배에 참여해 설교를 듣는 것으로 신앙생활을 다 하게 할 것인가? 아니면 하루하루 교인들의 삶에 깊이 들어가 격려하고 용기를 주어 모두가 천국에 들어가게 할 뿐 아니라, 천국에서 상급을 받을 수 있도록 이끄는 일에 힘쓸 것인가?"

그런 기준으로 볼 때 높은뜻정의교회는 때가 되었다고 판단했다. 높은뜻정의교회에서 목회하는 9년 동안 목사로서 교회의 성장을 위해 뛰었고, 정말 교회만을 위해 힘썼다. 그러나 뒤돌아보면 교회의 본질이 충실해지는 일에는 전혀 힘을 쓰지 못했던 것이 사실이다. 본질에 충실하기에는 이미 외형이 많이 커졌기 때문이다. 외형이 커짐에도 교회의 본질을 충실하게 감당해 내는 방법을 나는 잘 모르겠다. 목회 30년을 하면서도 나는 아직 방법을 찾지 못했다. 내가 찾은 유일한 방법은 외형이 조금 작게 줄어들어야 좀 더 본질에 충실한 목회 활동이 수월하다는 사실뿐이다. 그래서 교회를 분립해 남은 10년 동안 교회를 더 좋게 만들어야겠다는 생각을 하게 되었다. 이것은 목사 개인의 공명심이 절대 아니다. 교회를 생각하며 내린 신앙의 고백이다.

종교개혁 500주년을 기념해 우리가 할 수 있는 일은 교회를 바르게 세우기 위한 실천이다. 지금은 이런저런 이야기를 할 때가 아니라, 뭔가 옳다고 생각되는 바를 실천에 옮기는 용기가 필요한 때다. 종교개혁 500주년과 높은뜻정의교회 창립 10주년(2019년)을 맞아 다시 교회의 본질을 회복하는 교회가 되기를 기대했다.

chapter 5

# 교회가 분립해야 할 때

어머니는 화초를 좋아해 늘 화초를 많이 늘리셨다. 조금 무성하다 싶으면 뿌리 하나를 다른 화분으로 옮겨 심어 새 화분을 만드셨다. 그렇게 만든 예쁜 새 화초를 사람들에게 선물하는 것을 좋아하셨다. 그러나 매번 성공하신 것은 아니다. 화초를 분리할 때는 조건이 잘 맞아야 두 화초 다 싱싱하게 잘 자란다. 무턱대고 분리를 했다가는 둘 다 처음만 못한 결과를 얻게 된다. 화초를 분리하는 일도 시기가 정확히 맞아야 하고, 게다가 꽤 많은 정성이 들어간다.

이처럼 미물인 화초도 분리를 하는 데 여러 가지 고려할 것들이 많은데, 하물며 교회일까. 화초는 분리가 실패했을 경우 다시 키우면 되지만 교회는 그럴 수가 없다. 교회의 분립은 가정으로 따지면 분가를 하는 일이다. 그저 셋집이 나가는 일이나 자녀를 결혼시켜 내보내는 것과는 차원이 다른 일이다. 그만큼 만만한 일이 아니다. 교회가 외형적으로 커졌다고, 예배당이 비좁다고, 더욱이 교인들이 요구한다고 분립을 결정할 일이 아니라는 것이다. 그것은 매우 위험한 일이다.

화초를 나눌 때 두 화초가 모두 시들어 죽는 경우가 있다. 조건이 맞지 않을 때 가끔 그런 일이 생긴다. 아주 좋은 의미로 교회를 분립했는데 두 교회가, 혹은 분립한 두 교회 중 하나가 여러 가지 이유로 분립 이전의 교회보다 건강하지 못하고 시들어 버린다면 그 분립은 안 하느니만 못하다. 그렇기에 분립은 모든 조건이 입체적으로 성숙해져야 가능한 일이다.

실제로 나는 교회의 분립을 준비하고 진행하는 과정에서 이 문제로 가장 많이 기도했다. 3년간 많은 준비를 했고, 또 여러 번 반복적으로 확인했지만 혹 예측하지 못한 문제들로 인해 분립한 두 교회가 이전 교회보다 더 안 좋아지거나 어려움에 처하게 된다면 크나큰 손실이기 때문이다. 하나님께 더 매달릴 수밖에 없었다.

교회의 분립은 때를 제대로 파악하는 것이 필요하다. 이 장에서는 적절한 때가 언제인가를 생각해 보고자 한다.

## 무게 중심의 위험한 이동

꽤 오래전이다. 우리 교회 교인 중에 안과 전문의가 있었는데, 그 집사님의 고백이 오래도록 마음에 남아 있다. 1990년대 개인병원에서 라식 수술이 한창 시술되던 때였다. 그 의료 기기가 고가여서 많은 개인병원에서는 리스로 구입을 했는데, 집사님은 라식 의료 기기를 리스로 들여오는 순간 의사는 의료인이 아니라 경영인이 되는 것 같다고 토로하셨다. 나는 그때 집사님의 말씀이 무슨 의미인지 충분히 이해가 갔다. 나도 똑같은 고민을 했기 때문이다. 집사님은 자기 분야의 이야기를 해 주신 것인데, 나는 그 말씀을 들으며 '어쩌면 그렇게 교회와 똑같을까?' 하고 생각했던 것이다.

  목회를 해보니 교회가 외형적으로 성장하면 조직이 필요하고(조직화되어야 하고), 조직을 나누어 관리하는 사람들이 필요하며, 조직의 움직임을 일괄적으로 처리하는 행정이 필요하고, 어떻게 움직일 것인지 의사 결정을 내리는 기구들과 과정들이 필요하다. 교회에 관리 시스템이 필요해지는 시점이다. 소위 경영의 기법을 요하는 때가 되는 것이다. 교회는 교인이 많아지고 외형적으로 커 가는데 앉아서 기도만 하는 목회자는 무능하고 무책임한 목회자라 할 수 있을 것이다. 목회의 개념에는 교회의 조직을 관리하고 이끌어 가는 역할도 포함되어 있기 때문이다. 모세도 장인 이드로의 말을 듣고 천부장, 백부장을 세우지 않았던가.

  그런데 문제는 영적 돌봄과 조직의 관리 사이에서 오는 무게 중심의 이동이다. 여기에서 본질과 비본질의 문제들이 충돌하게 된다. 목회자가 교회의 성장과 함께 조직 관리에 쏟는 시간과 열정과 관심이 많아진다면, 목회자에서 경영인으로 역할이 바뀌는 것이라고 볼 수 있다. 이

것이 바로 오늘날 많은 사람이 대형 교회 목사를 CEO와 같이 여기거나 같은 시선으로 바라보는 이유다. 목사라면 그 보이지 않는 선을 늘 의식해야 하고, 또 몸으로 느낄 수 있어야 한다. 본질과 비본질의 선을 넘었을 때 하나님 앞에서 괴로워해야 한다. 물론 목회자 개인마다, 교회의 사정마다 한계선이 다를 수 있다. 하지만 공통적인 것은, 반드시 그 선은 존재한다는 것이다.

  어떤 분들은 교회가 소형교회에서 중형교회로 넘어갈 때나 조직 관리를 하는 것이지, 교회가 아주 커져서 대형화되면 오히려 다른 사람들에게 관리를 맡기고 담임목사는 영성 계발과 목회에만 전념할 수 있게 된다고 말한다. 그러나 그 말은 스스로 모순된다. 먼저, 모든 교회 조직의 관리는 담임목사가 책임을 지기 때문에 교회 관리나 경영, 행정에 관여를 하지 않을 수 없고, 또한 설령 본인은 영성 계발에 전념한다 해도 다른 사람들이나 교회의 리더십들에게 관리와 행정을 맡기기 때문에 누군가는 조직을 경영하는 사람이 생기기 마련이기 때문이다.

  교회 분립의 시기는 공동체의 상황에 맞아야 한다. 교회마다 역사와 문화와 체질과 성향이 다르기 때문에 영적인 목양의 상황에서 조직 경영의 상황으로 무게 중심이 넘어가는 위험한 선의 위치가 각각 다를 수 있다. 그러나 그 선의 존재를 부인할 수는 없다. 반드시 존재하고, 작용을 하기 때문이다. 교회는 무게 중심의 이동을 잘 살펴서 조직의 관리와 경영의 측면이 공동체의 영성 계발보다 에너지를 더 많이 소비한다고 생각되면 분립을 심각하게 생각해 봐야 한다.

### 교회 공동체의 일치된 교회론

교회에 대한 생각은 모든 교인이 같을 수 없지만, 교회의 존재 이유와 교회가 추구하는 목표, 그리고 어느 방향으로 발전해 나가야 하는가는 모든 구성원에게 공유되어야 한다. 그것은 목회자가 혼자 품고 있어서는 안 되고, 또 교인들과 방향이 달라서도 안 된다. 교회가 교회답기 위해 주님이 원하시는 올바른 모습은 분명 존재하지만, 바른 교회가 되기 위한 방법론에 대해서는 생각이 서로 다른 것이 오늘날의 현상인 것 같다. 성경 말씀대로 각각 자기 소견에 옳은 대로(삿 17:6) 교회도 운영되고 있는 것 같다. 그것은 시대마다, 나라마다, 교단마다, 그리고 오늘날에는 교회마다 각각 다른 것이 현실이다. 무엇이 바른 교회인가를 따지는 것은 신학적으로 좀 더 깊이 들어가야 할 일이겠지만, 중요한 것은 목표를 지향해 나가는 방법을 교회 공동체가 공유해 나가는 것이라고 본다.

높은뜻정의교회의 경우, "교회가 외형적으로 성장해 출석 교인이 3,000명이 되면 교회를 분립하자"는 의견을 교회가 시작된 2009년부터 교인들과 공유했다. 그리고 그런 방향성을 교인들과 함께 고민하면서 교회 분립을 결정하게 되었다. 물론 교인이 많아져 더 넓은 예배 공간이 필요하다면 예배당을 더 넓게 확장하기 위한 여러 방법이 있을 수 있다. 예배당을 새로 건축할 수 있을 것이고, 아니면 다른 공간을 활용해 스크린으로 연결해 더 많은 교인이 동시에 예배를 드릴 수도 있을 것이다. 예배의 횟수를 늘려 예배에 참여하려는 교인들을 수용할 수도 있을 것이다. 그러나 그 선택은 전적으로 공동체가 함께 해야 한다. 높은뜻정의교회는 교회를 분립하는 것으로 문제를 풀었는데, 교인들이 생각하는 교회에 대한 생각이 같았기에 가능한 일이었다.

우선 교인들은 교회가 커지는 데서 오는 유익보다 잃는 것이 더 많다고 생각했다. 3,000명 교회에서 교인 수가 더 늘어서 대형 교회가 될 경우 교인들 서로 간의 교제는 물론 목회자와의 관계가 소홀해지는 것에서 비롯되는 익명의 교인들이 양산되는 문제점이었다. 이는 오늘날 한국 교회가 풀어야 할 문제점 중 하나인데, 교회생활에 있어서 서로의 친밀함이 약해진다는 단점이다. 여기에서 '서로'라는 말에는 교인과 교회, 개인과 목회자, 개인과 개인이 다 포함된다.

또한 교회가 대형화되면 교회가 제공해 주는 많은 프로그램을 통해 유익한 정보들을 편안한 가운데 더 많이 얻을 수는 있겠지만, 높은뜻정의교회 교인들은 신앙생활을 하는 데 그것이 가장 중요하다고 생각하지 않았다. 우리가 신앙생활을 하는 데 있어서 가장 중요한 것은 예배이며, 높은뜻정의교회는 예배를 통해 사회에서 그리스도인으로서 바른 삶을 살아가도록 하는 힘을 얻는 것에 초점을 맞추었다. 혹 교회가 외형적으로 커져서 거기에서부터 오는 안정감이 신앙에 대한 치열한 고민을 대신하거나, 큰 교회에 소속되었다는 것으로 자신의 신앙이 커졌다고 여기는 마음이 들어오는 순간, 우리는 더 중요한 것을 잃게 된다는 사실을 심각하게 생각했다.

그리고 예배를 드리는 일에 많은 비용을 들일 필요가 없다는 점에 뜻을 같이했다. 예배당을 넓게 건축하거나 따로 구입하는 것은 엄청난 예산을 요구한다. 예배를 한 번 더 드리거나 다른 공간에 스크린을 연결해 예배를 드리는 일에도 적지 않은 예산이 들어가는 것이 사실이다. 만약 예산을 들여 푸는 방법밖에 없다고 한다면 어떤 어려움이 있어도 예배를 위해 예산을 들여야 한다. 하지만 예산을 많이 들이지 않고서도 문제를 풀 수 있다면 굳이 예산을 들일 필요는 없다고 본다. 그 예산으로 분명 더 많은 선교와 구제 사역을 할 수 있기 때문이다. 문제는 교인들이 불편을 감수할 수 있느냐인데, 교인들에게 불편하더라도 하나님의 사역에 더 많은 예산을 쓰기를 바라는 마음이 있다면 교회의 분립은 그 대안이 될 수 있을 것이다. 높은뜻정의교회는 모든 교인이 기꺼이 분립이라는 방법을 선택해 주었다.

이와 같이 교회의 분립은 단지 교회가 커졌다고 되는 것이 아니다. 모든 일은 조건이 갖추어졌을 때만이 의도에 맞는 결과를 얻을 수 있다. 교회의 분립은 교회가 목회적 본질을 회복하려는 마음에서 시작되어야 하며, 온 교인이 그러한 교회에 대한 생각이 간절할 때 가능한 것이다.

요즘 미국에서부터 들어온 교회의 성장 유형 중에 '캠퍼스 교회'라는 형태가 있다. 교회가 외형적으로 성장하면서 지역별로 캠퍼스(특정 지역의 교인들이 그 지역에서 따로 모여 예배를 드리는 교회의 형태로, 담임목사가 관리하는 유형)를 두는 것이 유행이 되고 있다. 언뜻 보기에는 교회의 분립과 같은 형태로 보이지만, 목회자의 목양적 측면에서 많은 아쉬움이 있다. 목회자와 교인의 친밀함을 얻기 위한 분립이 아니라면 또 다른 대형화의 형태이기 때문이다. 그렇기에 목회적 고민의 결과로서 분립을 말할 때는 교회가 독립된 두 교회로 분립하거나 부목사가 일부 교인들과 함께 새로운 교회를 세우는 개척이 그 취지에 더 맞다고 본다. 건강한 목회가 회복되지 않는다면 분립은 의미가 없다.

chapter 6

# 교회는
# 교회다울 때
# 가장 아름답다

작은 교회 운동에 대해 여러 가지 평가가 있을 수 있겠지만, 나는 작은 교회 운동이 큰 교회 운동, 혹은 대형 교회 운동보다는 종교적 자세에 훨씬 더 충실하다고 본다. 원래 불교나 힌두교 등 대부분의 종교는 인간의 욕심을 제어하는 능력을 큰 가치로 생각하는데, 기독교도 그 실천 부분에 있어서는 예외가 아니기 때문이다.

작은 교회 운동을 생각하면 오래전 읽었던 에른스트 슈마허의 책 『작은 것이 아름답다』(1976)가 생각난다. 당시 그 책으로 인해 "작은 것이 아름답다"는 말이 유행어가 되었는데, 이 말은 언뜻 들으면 큰 것은 아름답지 못하다는 말로 들릴 수 있다. 실제로 작은 교회 운동을 지지하는 분들은 큰 교회의 불편함을 여러 가지 지적하며 작은 교회를 지향한다.

그러나 "꼭 작아야만 교회가 건강하고 바람직한 것인가?"라는 질문에는 또 다른 의문이 따른다. 그것은 작은 교회에서도 교회에 따라 얼마든지 아름답지 못한 요소들이 많이 보일 수 있기 때문이다. 그렇기에 크기를 가지고 교회의 아름다움을 논하는 것은 합리적이지 않을 수 있다. 크기가 교회의 건강함을 나타내 주는 유일한 잣대는 아니기 때문이다.

그러면 "작은 것이 아름답다"는 말은 어떻게 나온 것일까? 독일의 경제학자이자 환경운동가인 에른스트 슈마허는 경제 성장이 물질적인 풍요를 약속한다고 해도 그 과정에서 환경 및 인간성 파괴라는 결과를 낳는다면, 성장지상주의는 맹목적인 수용의 대상이 아니라 성찰과 반성의 대상이라고 지적했다. 그는 이러한 경제 구조를 진정으로 인간을 위하는 모습으로 탈바꿈할 수 있는 방안으로 '작은 것'을 강조했다. 인간이 자신의 행복을 위해 스스로 조절하고 통제할 수 있을 정도의 경제 규모를 유지할 때 비로소 쾌적한 자연 환경과 인간의 행복이 공존하는 경제 구조가 확보될 수 있다는 것이다. 그러면서 경제학은 인간답게 살도록 하는 상식이 바탕이 되어야 한다고 강조했다. 그는 그런 의미에서 작은 것이 아름답다고 표현한 것이다.

그렇기에 여기에서 '작은 것'이라는 말의 의미는 크기가 작다는 것이 아님을 알 수 있다. 맹목적으로 커지는 것으로 인간이 행복하지 못하게 된다면 그것은 바람직하지 않다는 것이다. 인간이 자신의 행복을 위해 스스로 조절하고 통제할 수 있을 정도의 규모를 갖는 것이 행복하다는 것이고, 그런 의미에서의 작은 것이다. 그러므로 작은 교회 운동을 할 때는 이 부분에 중점을 두어야 한다고 본다. 단지 외형적 크기가 작은 것이나 교인 수가 적은 것을 말하는 것이 아니라, 교회 스스로 행복해지는 규모로 만들어 가는 것을 말해야 한다. 슈마허의 표현을 빌리자면, 교회 스스로 통제가 가능해야 한다는 것이고, 그럴 때 교회는 아름다워진다.

### 교회다운 것이 아름답다

높은뜻정의교회는 서울시 도봉구에 있는 정의여자고등학교에서 2009년에 시작한 교회다. 처음에는 1,600명이 모여 예배를 드리기 시작했는데, 시작할 때부터 주일 출석 교인 3,000명이 되면 분립을 하자고 교인들과 약속을 했다. 그 약속을 당회에서도, 제직회에서도 했었고, 모든 교인에게 설교 중에도 말했다.

3,000명이라는 기준은 다른 이유가 아니라, 바로 목회에 대한 한계의 수였다. 높은뜻정의교회의 외적 시설(물론 정의여자고등학교의 시설을 사용한 것이지만)을 볼 때 3,000명은 그 한계점이 되고, 또 목회자들의 목회적 활동에 심각한 변질이 발생하기 시작하는 때라고 판단했기 때문이다. 담임목사가 3,000명을 다 목양한다는 것은 말도 되지 않는 것이고, 또 분업화해 담당자를 맡기는 것은 관리와 경영으로 들어가는 것이라 생각했다. 그래서 3,000명을 넘지 않으면 좋겠다고 생각했다. 그리고 또 하나의 이유는(이것도 중요한 이유인데) 3,000명이 넘으면 그 인원을 수용, 관리

하기 위해 엄청난 예산이 추가적으로 든다는 것이었다. 아무리 생각해도 교회의 규모를 조금 줄이면 모든 어려움이 해결되는 문제를, 무리하게 많은 것을 잃어 가면서까지 교회를 더 견고하게 키울 필요는 없다고 생각했다.

주일마다 강단에서 설교를 하는 사람으로서 한 편의 설교가 나오기까지는 많은 요소가 필요하다는 것을 느낀다. 성경에 대한 정확한 지식도 필요하고, 많은 인문학 서적도 읽어야 한다. 또 많은 세상적인 경험들에서 의미를 찾아내는 해석 능력도 필요하다. 성실하게 설교를 준비하는 자세도 필요하다. 그러나 가장 중요한 것은 교인들이다. 설교를 듣는 교인들을 얼마나 알고 있는지, 그들의 고민이 무엇이며, 그들이 신앙에 대해 무엇을 고민하고 있으며, 하나님과 성경에 대해 무엇을 알고 싶어 하는지를 알아야 한다.

그러므로 한 교회의 목사의 설교는 온 세상으로 퍼져 나갈 필요가 없다. 유명한 설교가 될 필요도 없고, 모든 사람의 마음에 감동을 주는 설교가 될 필요도 없다. 주일에 모이는 교인들에게 필요한 하늘의 메시지를 전달하면 그것이 가장 좋은 설교요, 가장 아름다운 설교일 것이다. 그런 설교가 나오기 위해서는 목사와 교인 간의 긴밀한 관계가 필요하다. 그것도 깊은 관계가 요구된다. 그런 관계가 전혀 없이 주일마다 강단에서 설교를 하는 것은 불특정 다수와 주제가 희미하고 추상적인 대화를 나누는 것과 같을 것이다.

교인이 3,000명이 되니 아무리 고민을 해도 그런 설교가 나오지 않는다. 교인들과의 소통이 자꾸만 끊기고 피상적인 성경 해석만이 나타나는 것을 부인할 수 없다. 물론 교인과의 관계가 아주 단절된 것은 아니다. 그러나 정직하게 말하면, 교인들 중 특정인들이 목회적 관심 안에 있는 것이 사실이다. 주로 직분자들에 대해서는 관심을 갖지만 대다수의 교인들에 대해서는 담당자를 세워 관리(?)를 하게 되는 것이다. 교회는 커지고 있지만, 그것은 다른 한 편으로는 이상해지고 있는 것이다.

교회를 이야기할 때, 특히 교회의 크기를 말할 때 큰 것이 아름다운 것이 아니고, 작은 것이 아름다운 것도 아니다. 교회는 가장 교회다운 것이 아름답고 그 아름다움을 담아낼 수 있는 크기면 가장 좋다. 높은뜻 정의교회는 그런 의미에서 3,000명을 반으로 나눌 필요가 있다고 본 것이다.

chapter 7

# 개혁신앙, 교회 분립의 용기를 주다

2013년 3월, 로마 교황청에서는 '콘클라베'라고 하는 교황을 선출하는 비공개 추기경 회의가 열렸다. 아르헨티나의 로마 가톨릭 주교였던 프란치스코 추기경이 제266대 가톨릭 교황으로 선출되는 순간이었다. 프란치스코 교황 내정자가 가장 먼저 한 일은 로마의 산타마리아 마조레 성당을 찾은 것이었다. 산타마리아 마조레 성당은 이름 그대로 마리아를 위한 성당이다. 새 교황은 성모 마리아에게 기도했다.

교황뿐 아니라 많은 가톨릭 신자가 마리아에게 기도를 한다. 가톨릭 성당에는 어디나 성모 마리아 상이 있고, 그 앞에서 기도할 수 있도록 만들어 놓았다. 개신교 일부에서는 가톨릭이 마리아를 주(기도의 대상)로 믿는 것 때문에 이단이라고 규정을 하는데, 정작 가톨릭의 설명은 개신

교회의 해석과 다르다. 가톨릭에서는, 예수님은 하나님이시기에 마리아는 하나님의 어머니이시라는 것이다. 마리아는 하나님의 말씀에 순종한 사람이며, 예수님을 낳고 기른 자로 가장 위대한 성인(聖人)이라는 것이다. 물론 마리아를 예수님같이 구세주로 믿는 것은 아니지만, 가톨릭이 마리아에게 기도하는 이유는 두 가지 성경적인 근거를 갖는다고 한다. 먼저, 요한복음 2장에 나오는 가나의 혼인 잔치 일로서, 당시 예수님의 어머니인 마리아가 예수님께 부탁을 했는데 그 부탁이 이루어졌다는 것이다. 또 하나는 요한복음 19장 27절로, 마리아가 온 인류의 어머니라는 것이다. 어머니의 마음으로 하나님께 기도를 부탁한다는 논리다. 그러나 종교개혁 시대에 개혁자들은 이 점이 불편했다. 우리를 하나님께 인도하시는 분은 오직 예수님 한 분이시기 때문이다.

"예수께서 이르시되 내가 곧 길이요 진리요 생명이니 나로 말미암지 않고는 아버지께로 올 자가 없느니라"(요 14:6).

"너희가 내 이름으로 무엇을 구하든지 내가 행하리니 이는 아버지로 하여금 아들로 말미암아 영광을 받으시게 하려 함이라"(요 14:13).

그래서 종교개혁자들은 예수님 이외에 하나님께로 인도하려는 모든 인간이 만든 방법을 제거했다. 마리아뿐 아니라 웅장하고 화려한 성당, 돈, 교황과 사제의 권위, 교회의 전통까지 없애 버렸다. 그런 노력 자체가 종교개혁이었던 것이다. 그러므로 따지고 보면, 종교개혁이란 새로운 신앙으로의 전환이 아니라 초대교회의 첫 신앙을 회복하는 것이었다.

초대교회의 신앙이 무엇인가? 유대인들은 레위 지파의 제사장들이 자신들을 하나님께 안내하는 자들이라고 믿고 있었다. 그러나 레위 제사장은 결국 불완전한 인간일 뿐이었다. 히브리서 7장 28절을 보면, "율법은 약점을 가진 사람들을 제사장으로 세웠거니와 율법 후에 하신 맹세의 말씀은 영원히 온전하게 되신 아들을 세우셨느니라"라고 기록되어 있다. 이것은 신앙의 매우 중요한 가치로, 우리는 오직 예수 그리스도만을 통해 하나님께 나갈 수 있다는 말씀이며, 하나님께 나가기 위해 예수 그리스도 이외의 모든 요소는 제외되어야 한다는 것이다. 개혁신앙의 출발은 바로 이 고백에서 시작한다.

### 개혁신앙의 요지

개혁교회는 기본적인 신앙의 고백을 다시 찾게 되면서 파생되는 여러 문제점들을 정리하기 시작했다. 그 내용은 다음과 같다.

첫째, 교회는 건물이 아니라 사람이다. 중세의 화려한 예배당 건물은 예수 그리스도의 영광을 표현한 결과물이었다. 소위 '영광 신학'이 그 배경에 깔려 있어서 영화로운 예배당의 모습을 보면서 하나님을 만날 수 있도록 했다. 그러나 개혁신앙은 영광 신학의 반대인 '십자가 신학'이다. 희생과 비움, 낮아짐으로 우리를 하나님께로 인도하신 예수 그리스도를 주로 고백하는 신앙인 것이다. 그렇기에 개혁교회에서의 예배당이란 처음부터 그렇게 중요한 신앙적 요소가 아니었다. 영광의 신학이 아니기에 교회의 웅장한 크기에 의해 하나님의 임재를 느끼는 것을 거부한다. 이러한 개혁신앙이 우리 안에 회복될 때 우리는 하나님을 만나는 일에 있어서 그 어떤 외형적 요소들을 의지하지 않을 수 있게 된다.

교회 분립은 객기가 아니다. 눈에 띄어 보려고 한 번 해보는 것도 아니다. 교회의 분립은 건물보다 더 소중한 교회를 세우는 일이다. 분립을 하면 교회가 보다 작아지고, 교인 수가 많이 줄어들지만 그것을 염려하거나 두려워하지 않는 이유는 교회를 바르게 세우는 것은 건물을 세우는 것이 아니라는 점과, 교회의 외형적 크기와 하나님의 은혜는 무관하다는 개혁신앙이 있기 때문이다.

둘째, 우리를 하나님께로 인도하시는 분은 예수 그리스도 오직 한 분이시다. 우리는 예수님을 의지해 하나님께 나갈 수 있기 때문에 스스로 말씀으로 하나님과 만날 수 있고 대화할 수 있다. 개혁교회는 소위 만인제사장설을 따른다.

교회를 분립하면서 어떤 교인들은 담임목사가 새로 분립하는 교회로 가겠다는 계획에 대해 적잖은 걱정을 했다. "목사님이 가시면 여기는 어쩌나?", "구심점이 없어지면 이 교회는 어쩌나?", "남아 있는 교회가 새로운 목사님이 오실 때까지 흔들리면 어쩌나?" 이런 걱정들을 했다. 그러나 우리를 하나님께로 인도해 주시는 분은 예수 그리스도이시고, 하나님은 하나님의 말씀을 통해 우리에게 다가오신다. 만약 성도가 담임목사 한 사람을 의지하고 그 의존도가 높아진다면 그것은 다른 차원에서 사람을 의지하는 것이다.

담임목사가 없으면 하나님께 나가지 못하는가? 담임목사의 영향력이 그렇게 크다면, 그것은 아버지의 대를 이어 아들이 교회를 맡아야 교회가 안정적으로 발전해 나갈 수 있다는 교회와 무엇이 다른가? 우리에게 개혁신앙의 고백이 있다면 담임목사의 자리나 역할이 그렇게 중요한 것이 아님을 알게 된다. 그리고 개혁신앙이 우리 안에 있다면 언제든지 자기의 자리를 내려놓고 주님이 명하시는 새로운 사역을 할 수 있어야 한다. 그것은 교회도 마찬가지다. 교회는 사람에 의해 하나님께로 나가는 것이 아니라 오직 예수 그리스도로 인해 하나님께 나갈 수 있기 때문이다. 하나님이 주인 되심을 고백하는 신앙만 있다면 하나님이 좋은 사역자들을 또 보내 주신다는 믿음도 함께 있어야 한다.

이처럼 종교개혁의 신앙을 이어받는 것은 교회에 깊이 내재되어 있는 사람을 의지하는 생각과, 예배당이나 교회의 전통 등 신앙의 외적인 것들을 의지하려는 생각과 싸우는 것이다. 그래서 다시 개혁교회의 신앙을 회복하는 것은 교회를 세우는 일에 있어서 가장 우선적으로 나타나야 하는 요소다. 교회는 무엇에 관심이 많은가? 교회는 무엇 때문에 기뻐하고, 무엇 때문에 안타까워하는가? 커지는 것을 기뻐하고, 작아지는 것을 안타까워하는가?

주말이면 예식장마다 결혼식이 있어 사람들이 줄을 잇는다. 주례를 하러 예식장에 가면 예식장 직원들의 부탁 때문에 스트레스를 제법 많이 받는다. 다음 결혼식이 곧 있으니 가능하면 빨리 예식을 끝내 달라는 부탁이다. 어떤 예식장에서는 아주 노골적으로 주문을 하기도 한다. 예식이 길어지는 것은 주로 목사님들의 설교 때문이니 설교를 많이 줄여 달라는 주문이다. 예식장에서의 결혼식은 그렇게 시간에 맞춰 이루어진다. 신랑, 신부에게 충분한 권면을 하지 못하는 것이 못내 아쉬울 뿐이다. 공장에서 물건을 찍어 내듯 예식장에서 부부를 찍어 내는 것 같아 안타까울 때가 많다.

마찬가지다. 교회가 커져서 한 사람, 한 사람이 하나님을 깊이 있게 만나지 못한다면 그것은 교회가 성장했다고 좋아해야 할 시점이 아니라 반대로 안타까워해야 할 시점이다. 감당하지 못할 정도로 커지기보다는 조금 더 작아지는 한이 있더라도 교인들끼리 서로 더 많이 알아 가고, 사랑하고, 더 많은 시간을 갖고 하나님께 집중하며, 시간적, 공간적 여유를 더 갖고 말씀으로 고민할 수 있다면 그것을 기뻐해야 할 것이다. 교회는 이 일을 기쁨으로 삼아야 한다.

개혁교회 신앙을 따르기 위해 모든 교회가 분립을 해야 한다는 것은 아니다. 우리는 높은뜻정의교회의 예배당이 더 이상 교인들을 수용하기 힘든 상황에서 그 해결 방법으로 분립을 하려는 것뿐이었다. 앞서도 언급했지만, 이 문제에 대한 해결책은 여러 가지 방법이 있을 수 있다. 예배를 4부에서 5부로 늘려서 드릴 수도 있고, 가까운 건물에 예배 공간을 하나 더 마련해 스크린을 연결해 동시에 예배를 드릴 수도 있을 것이다. 아니면 좀 힘이 들더라도 캠퍼스 예배당을 세워 목회자가 왔다 갔다

하면서 설교를 할 수도 있을 것이다. 그러나 개혁교회의 신앙을 생각해 보면 그것은 모두 또 다른 형태의 사람을 의지하는 것이 되고 만다.

교회는 하나님을 바라봐야 한다. 예수 그리스도를 의지해야 한다. 어떤 형태이든 사람을 의지하면 안 된다. 하나님의 말씀에 더 가까이 가야 한다. 교인들을 더 깊이 알아 가고 사랑해야 한다. 그것이 교회의 부흥이기 때문이다. 그리고 교회는 이 일을 욕심내야 한다. 우리는 초대교회 교인들이 바른 교회를 세우기 위해 당했던 순교와 종교개혁자들이 신앙을 바로 세우기 위해 치렀던 희생에 비하면 희생이라고도 할 수 없는 턱없이 작은 '교회의 분립'이라는 불편한 방법을 택했다. 하지만 우리의 작은 불편함으로 하나님이 원하시는 바른 믿음의 길을 갈 수만 있다면 종교개혁 500주년에 얻은 큰 열매가 될 것이라 믿었다. 그리고 교인들에게 확신을 주었다. 우리 교회는 분립을 통해 더 성장하고 참되게 부흥할 것이라고 말이다.

8. 그리스도의 남은 고난
9. 조금 더 낮은 곳을 선택해야 하는 이유
10. 분립의 그림 그리기_ 낳을 것인가, 깨어질 것인가?
11. 목표는 다운사이징 (downsizing)
12. 교회 분립의 의미, 파송

Part3

# 꼭 해야 해?
## 교회 분립의 의미

chapter 8

# 그리스도의 남은 고난

그리스도인들은 강하다고 한다. 그리고 강한 그리스도인들이 모여 있는 교회도 강하다고 한다. 마태복음 16장 18절에서 예수님이 교회에 대해 "음부의 권세가 이기지 못하리라"라고 말씀하셨을 정도다. 복음은 강하고, 복음을 믿는 그리스도인들은 강하며, 그들이 모인 교회는 세상이 이기지 못한다고 말한다. 그런데 정말 그럴까? 정말 교회는 이 세상에서 제일 강할까? 실상은 그렇지가 못하다. 교회가 이미 힘을 많이 잃은 것이 사실이다. 왜 우리에게 있는 복음은 힘이 없으며, 그리스도인들은 세상과 싸워 이기지 못하고, 오늘날의 교회는 세상의 조롱거리가 되었을까?

'화룡점정'(畵龍點睛)이란 말이 있다. 중국 양나라 장승요가 금릉에 있는 안락사(安樂寺)에 용 두 마리를 그렸다. 그런데 맨 마지막에 눈을 그려 넣지 않았다. 사람들이 왜 눈을 안 그렸냐고 묻자 장승요는 눈을 그리면 용이 날아가기 때문이라고 말했다. 그 말을 들은 사람들은 장승요더러 정신 나간 사람이라고 하며 비웃었다. 사람들이 비웃자 장승요는 두 마리의 용 중에서 한 마리에 눈을 그려 넣었다. 그때 이상한 일이 벌어졌다. 갑자기 천둥과 번개가 치더니 용이 벽을 뚫고 나와 하늘로 올라간 것이다. 그 뒤 사람들은 무언가 약간의 부족한 점이 있을 때나 마지막 완성에 필요한 부분이 있을 때 '화룡점정'이라는 말을 쓴다.

예수님은 용을 그리셨다. 아주 강한 용, 하늘로 올라갈 수 있는 용을 그리셨다. 그런데 다 완성하지 않으시고, 우리에게 완성하라고 하셨다. 예수님은 우리가 그 그림을 완성할 수 있도록 눈을 남겨 두셨다. 제자 된 우리가 용의 눈을 그릴 때 용은 비로소 하늘로 오르는 힘을 갖게 되는 것이다. 그러나 우리가 눈을 그려 넣지 못한다면 용은 아무것도 할 수 없는 하나의 그림에 불과할 것이다.

예수님은 우리에게 그 어떤 세상과의 싸움에서도 이길 수 있는 무기를 주셨다. 그것은 바로 복음이다. 복음이라는 무기를 만들어 주시기 위해 예수님이 사용하신 방법은 친히 고난을 당하신 것이다. 예수님은 복음의 비밀과 능력을 주시기 위해 이 땅에서 고난을 받으셨다. 그리고 복음의 능력을 나타내기 위해 제자인 우리에게 마지막 완성을 맡기셨다. 우리가 고난의 마지막 부분을 감당해 완성할 때 비로소 복음의 폭발력이 나타나는 것이다. 복음에는 능력이 드러나 있고 완성되기 위해 우리가 반드시 감당해야 할 남은 몫이 있다. 남은 몫을 가리켜 우리는 '그리스도의 남은 고난'이라 말한다.

조금 깊게 들어가 보면, 개역개정 성경에서 말하는 '그리스도의 남은 고난'은 헬라어 원문에서 '그리스도의 고난들 뒤에 있는 것들'이라고 표현되어 있다. 영어 번역본 KJV는 "which is behind of the afflictions of Christ"(그리스도의 고난 뒤에 있는 것)라고 번역했고, NIV는 "what is still lacking in regard to Christ's afflictions"(아직 남아 있는 고난)라고 번역되어 있다. 다시 말해 '그리스도가 받은 고난, 그 뒤에 아직 남아 있는 고난'이라는 뜻이다.

주님은 우리의 구원을 위한 고난은 온전히 이루셨다. 그 고난은 예수님이 홀로 당하신 것으로, 우리가 참여할 수도 없고 예수님이 온전히 이루지 못하고 남겨 두신 것도 없다. 그러나 교회를 위한 고난은 남겨 두셨다. 교회의 지체 된 그리스도인들이 그리스도의 고난을 함께 느낌으로써 교회를 온전하게 하시기 위함이다. 우리는 예수 그리스도의 몸인 교회의 한 지체로 부름을 받았기 때문에 우리의 고난은 교회를 완성하는 데 가장 필요하다. 그래서 교회에 대한 완성도를 설명할 때는 항상 골로새서 말씀이 인용된다.

"나는 이제 너희를 위하여 받는 괴로움을 기뻐하고 그리스도의 남은 고난을 그의 몸 된 교회를 위하여 내 육체에 채우노라 내가 교회의 일꾼 된 것은 하나님이 너희를 위하여 내게 주신 직분을 따라 하나님의 말씀을 이루려 함이니라"(골 1:24-25).

## 그리스도인들이 감당해야 하는 남은 고난

교회가 교회 되기 위해서는 교인 된 우리가 그리스도의 고난에 동참해야 한다. 교회는 그리스도와 하나이기 때문이다. 그리스도는 교회의 머리이시고, 우리는 그분의 지체이기 때문이다. 그렇다면 남은 고난이란 무엇인가? 그리스도인들이 감당해야 하는 남은 고난은 무엇인가?

독일 신학자 에른스트 트뢸치(1865-1923)는 예수 그리스도의 복음을 받아들이면 두 가지 변화가 일어난다고 말했다. 첫 번째는 그물과 배를 버리고 떠난 제자들처럼 복음을 위한 개인적 선택과 결단을 하게 되는 것이고, 두 번째는 가난한 자, 고아, 과부를 품기 위한 보편적 사랑의 공동체를 이루게 된다는 것이다. 사실 우리는 평생 이러한 삶을 꿈꾸며 산다. 개인적 선택으로 선교적 삶을 살고 싶은 마음이 있을 뿐 아니라 보편적 사랑의 공동체도 이루고 싶어 한다. 적어도 그리스도 예수를 조금이라도 아는 사람은 그런 삶을 꿈꾼다.

그런데 왜 이루지 못할까? 이 땅에서의 여러 가지 문제들, 즉 먹고사는 문제, 자녀를 키우는 문제 등으로 우리는 마음에 간직하고 있는 선교적 삶을 살지 못한다. 누가복음 9장 62절에서 예수님이 말씀하신 바와 같이 손에 쟁기를 잡고 뒤를 돌아보면 안 되지만, 그것이 하나님 나라에 합당하지 않은 일임이 분명하지만, 그 쟁기로 당장 해야 할 일들이 너무 많은 것이 현실이기 때문이다.

교회의 분립은 이런 고민을 하는 교인들에게 삶 속에서도 얼마든지 그리스도의 고난에 동참할 수 있음을 가르치고 참여할 수 있도록 하려는 것이다. 매 주일 많은 교인이 모여 예배하고 교제하는 공동체는 안정적인 교회라 볼 수 있다. 편안함과 안정감이 있지만, 편안한 예배를 드리는 대부분의 교인들이 고난에 동참하지 못하는 신앙을 갖고 있다면 안타까운 일이 아닐 수 없다.

교회의 분립은 또 하나의 아픔을 통해 교회를 세우는 일이다. 이 아픔은 교인 모두가 느끼고 감당해야 하는 아픔이다. 그것은 주님이 맡겨 주신 복음 전도에 동참하는 것이요, 복음으로 인해 새 힘을 얻는 일이다. 고난을 통해 보편적 사랑의 공동체를 또 하나 만드는 것이기 때문이다. 하고 싶지만 혼자서는 선뜻 하지 못하는 것, 그러나 함께하면 쉬운 것, 그것이 교회의 분립이고 그 분립에 동참하는 것이다.

우리가 회를 분립해서 가려고 계획한 곳은 학교다. 경기도 덕소에 있는 덕소고등학교다. 덕소고등학교는 한 학년의 학급이 12개 반으로 전교생이 1,200명 정도 된다. 우리나라 청소년들이 신앙을 버린다고, 교회를 떠난다고 걱정을 많이 하는데, 걱정만 해서 될 일은 아니다. 나는 하나님이 우리에게 또 한 번의 기회를 주신 것이라 생각한다. 1,200여 명의 아이들을 섬기고 그들에게 복음을 전하라는 하나님의 뜻이 있음을 느낀다. 이것은 벅찬 일임이 틀림없다.

골로새교회는 바울이 세운 교회가 아니었다. 에바브라라는 동역자가 세운 교회였다. 에바브라는 바울이 제3차 전도여행 기간에 에베소에 2년간 머물러 성경을 가르칠 때 바울에게서 성경을 배워 골로새교회를 개척했다. 후에 라오디게아, 히에라볼리에 복음을 전했다. 에바브라의 이름 뜻은 '매력 있는', '사랑스런'이다. 복음을 들고 전하며 교회를 세우는 사람이 하나님이 보시기에 매력 있고 사랑스런 사람이 된다는 뜻일 것이다. 나는 성경을 보면서 에바브라의 이름에 그런 메시지가 있다고 생각한다.

교회를 분립하는 우리 교회가 하나님 앞에서 매력 있는 교회가 되면 좋겠다. 그리고 분립을 통해 그리스도의 남은 고난에 동참하는 교인들이 자랑스럽다. 우리 교인들이 함께 계획하고, 동참하고, 진행한 분립을 통해 모두가 하나님께 사랑스런 존재가 되면 참 좋겠다.

"네 평생에 너를 능히 대적할 자가 없으리니 내가 모세와 함께 있었던 것같이 너와 함께 있을 것임이니라 내가 너를 떠나지 아니하며 버리지 아니하리니 강하고 담대하라 너는 내가 그들의 조상에게 맹세하여 그들에게 주리라 한 땅을 이 백성에게 차지하게 하리라"(수 1:5-6).

chapter 9

# 조금 더 낮은 곳을
# 선택해야 하는 이유

한때 아프리카 검은 코뿔소는 멸종 위기에 처했었다. 대체적으로 한 종이 개체 수가 줄어 멸종되는 과정을 전문적으로 '관심 필요-취약 근접-취약-위기-위급-자생지 절멸-절멸 단계'로 명명한다. 검은 코뿔소는 '위급' 단계까지 처했었다. 통계적으로 보면, 1950년도에 40만 마리의 개체 수가 그간 밀렵으로 인해 급격히 줄어 2000년에 들어서면서 전 세계적으로 2,000마리 정도 남게 되었다. 결국 국제 동물보호단체와 아프리카 각국의 노력으로 2010년에는 4,000마리까지 늘었다.

멸종 직전의 검은 코뿔소를 살리기 위해 많은 방법이 동원되었다. 제일 먼저 도입된 것은 규제를 통한 방법이었다. 법률을 만들어 밀렵자들에게 형벌을 무겁게 지우는 방법이었다. 그러나 이 방법은 결국 실패했다. 밀렵꾼들은 대체로 아프리카 현지 원주민들이었는데, 국제 암시장에서 kg당 5만 달러나 하는 코뿔소 코 뿔의 유혹을 떨칠 수는 없었다. 무거운 형벌을 받더라도 한탕(?)만 잘하면 평생 먹고살 돈이 생기기 때문이다.

규제라는 방법이 별 효력을 거두지 못하자 두 번째 도입된 것은 동물보호단체가 제안한 방법이었다. 이 방법은 적잖은 논란을 가져왔는데, 코뿔소의 코 뿔을 자르는 것이었다. 밀렵꾼들이 코뿔소를 죽이는 이유는 바로 코뿔소의 코 뿔 때문이었는데, 코뿔소의 코 뿔을 제거하면 밀렵을 당하지 않을 것이라 생각했다. 그래서 실제로 모든 코뿔소에서 코뿔을 제거하는 일을 시행했다. 그러나 결국 이 방법도 실패하고 말았다. 이유는 속도 때문이었다. 동물보호단체가 코뿔소를 찾아내 코 뿔을 제거하는 속도보다 밀렵꾼들이 코뿔소를 찾아 죽이는 속도가 훨씬 빨랐다.

결국 아프리카 검은 코뿔소의 멸종을 막은 사람들은 정치인들도, 동물보호단체도 아닌 경제학자들이었다. 경제학자들은 아프리카 코뿔소의 멸종 이유와 멸종을 막는 방법에 대한 아이디어를 냈다. 그들은 코뿔소가 밀렵을 당하는 이유는 코 뿔 때문이 아니라고 봤다. kg당 5만 달러나 할 정도로 인간에게 큰 도움이 된다는 이유라면 소는 이미 멸종했을 것이라고 말했다. 소는 고기와 뼈, 가죽은 물론, 거의 모든 부분을 인간이 사용하기 때문이다. 아마 소처럼 인간이 유용하게 사용하는 동물은 없을 것이다. 그럼에도 불구하고 소가 멸종되지 않은 이유는, 아니 멸종

되지 않을 뿐 아니라 그 개체 수가 오늘날까지 어마어마하게 많은 이유는 인간의 소유 개념 때문이라고 말했다. 사람들이 소를 소유하고 있기 때문에 소를 소중히 여긴다는 것이다.

경제학자들은 코뿔소의 멸종을 재산권의 유무로 해석했다. 내 것이라는 개념을 가질 때 결국 함부로 죽이지 않게 된다는 것이다. 그래서 아프리카 원주민들에게 코뿔소에 대한 공동의 소유 개념을 심어 주고, 코뿔소를 통해 관광산업을 일으키고, 그 소득을 주민들에게 분배하기 시작했다. 결국 코뿔소로 인해 원주민들에게 소득이 돌아가게 하는 정책이 코뿔소의 멸종을 막아 냈다. 밀렵을 하던 주민들이 스스로 코뿔소를 지키는 일에 나설 정도였으니까 말이다.

이것은 경제 논리이기 이전에, 공동의 인식이 얼마나 중요한가를 말해 준다. 어떤 문제를 함께 인식하는 것이 문제를 풀어 나가는 데 얼마나 중요한가를 보여 준다. 혼자 세상을 바꾸는 일은 어렵지만 많은 사람이 함께 필요를 느끼면 쉽게 바꿀 수 있다. 공동의 인식은 대부분 많은 문제를 쉽게 해결해 준다.

몇 해 전 이탈리아를 방문할 기회가 있었다. 세계 여러 나라를 돌아다녀 봤지만 살고 싶다고 느낀 곳은 별로 없었는데, 이탈리아에 갔을 때 이상하게도 그런 생각이 들었다. 그것은 피자, 파스타 등 음식이 뛰어나고 커피 맛이 특별히 좋아서가 아니었다. 날씨와 경치가 좋아서도 아니었다. 대학 진학률 때문이었다. 이탈리아의 대학 진학률은 공식적인 수치로는 50%를 조금 밑돌지만 실제적으로는 30%대라고 한다. 대학에 진학해 공부를 다 마치는 경우가 많지 않기 때문이라고 한다. 대학 진학률이 낮다는 것은 중요한 의미가 있다. 그 사회가 학력이나 직업에 대한 귀천이 없고 그에 따른 연봉에 대한 과시가 없다는 뜻이다. 그래서 각 나라의 대학 진학률은 그 나라의 행복지수와 건강지수를 알아보는 데 중요한 기준이 된다. 선진국 중 행복지수가 높은 나라들은 대부분 대학 진학률이 50% 내외다. 한국의 대학 진학률은 70%를 항상 넘고 있으며, 2005년에는 82%까지 올라갔다. 참고로, 이웃 나라 일본은 51%다.

한국 사회의 문제는 저학력과 가난을 무시한다는 것이다. 자녀가 자기 부모의 저학력과 가난을 무시할 정도이니, 사회는 오죽하겠는가. 저학력과 가난을 무시하지 않는 사회가 건강한 사회인 것은 누구나 인정한다. 그러나 그 사실을 알고 있으면서도 우리는 그것을 해결하는 방법을 정확히 모르고 있다. 아니, 경쟁 사회에서 어떻게 하면 비교 우위에 설까를 고민하고 있는 것이 사실이다.

저학력을 무시하지 않는 것은 학력과 학위가 선택이 될 때 가능하다. 가난을 무시하지 않는 것은 부와 가난이 선택이 될 때 가능하다. 부와 가난이 선택할 수 있는 것이라면 가난을 업신여기지도, 부를 부러워하지도 않을 것이다. 나는 그 비결을 내가 몸담고 있는 어느 의료선교회에서 알게 되었다.

2001년 의료인 몇몇 가정과 함께 성경 공부를 하면서 의료선교회를 만들었다. 모두 6가정이었는데, 대개 개인병원 원장님이거나 대학병원 교수님이셨다. 성경 공부를 하면서 마음이 뜨거워진 우리는 1년에 한두 차례 의료 선교를 다니면서 선교에 더 깊이 헌신하게 되었다. 그 모임에는 이미 라오스 선교사로 헌신한 원장님이 계셨는데, 한두 가정씩 선교를 떠나게 되었다. 병원을 접고 미얀마로 떠나신 원장님, 선교 훈련을 받으러 2년간 병원 문을 닫는 가정도 생겨났다.

그분들은 모두 의사였지만, 내가 보기에 부의 정도가 사뭇 달랐다. 그러나 자기가 갖고 있는 부에 대해서 자랑하지 않았고, 또 상대적으로 가난하다고 부끄러워하지 않았다. 그리고 부에 대해서만큼은 서로 무시하시지 않았다. 아니, 더 정확히 말하면 경제적으로 넉넉하게 사시는 분들이 오히려 조금 부끄러워하시는 것 같았다. 이유는 하나였다. 그분들에게는 부와 가난이 선택이었기 때문이다.

나는 이것이 좋은 사회, 행복한 사회를 만드는 원리라고 생각한다. 우리가 조금 더 가난한 삶을 선택해야 하는 이유는 분명하다. 가난을 선택해서 사는 사람들이 많아질 때, 부를 절대적 가치로 여기지 않는 사람들이 많아질 때 부는 절대적 가치가 되지 못하고 이 사회는 건강해질 것이다.

## 작은 교회를 선택하는 공동체들이 많아진다면

한국 교회는 크기 경쟁 중인 것 같다. 교회 성장을 위해 교회도, 목회자도 모두 애를 쓰고 있는데, 그 교회 성장이라는 것은 대체로 교회의 외형적 크기를 말한다. 교회의 교인 수가 늘고, 예배당을 더 크게 건축하고, 예산이 늘면 교회가 성장했다고 생각하고, 목회가 성공했다고 말한다. 부끄러운 일이지만 그것이 현실이다. 여기에는 목회자의 욕심도 문제이긴 하지만 교인들의 요구도 한몫한다. 새로 목사님이 부임해서 목회를 할 때 일정 기간 내에 교인 수가 늘지 않으면 목회자의 능력이 없다고 생각한다. 심지어는 목회자의 자리를 보장받기 힘들어지기까지 한다. 안타깝지만 이것이 한국 교회의 현실이다. 이미 이런 현상은 교회 문화로 정착이 된 것 같다.

문제는 이런 인식이 오래 정착되면서 이제는 교회의 크기가 그 교회 목사의 능력을 넘어 계급으로 여겨지고 있다는 것이다. 교인들도 마찬가지다. 큰 교회에 등록해 적을 두고 다니면 동네에 있는 작은 교회를 출석하는 교인들보다 믿음이 좋은 것으로 착각을 한다. 많이 잘못됐다. 병이 들었다. 어느덧 한국 교회는 크기 경쟁을 하고 있다. 이 크기 경쟁이 하나의 블랙홀이 되어 이 땅의 교회의 본질을 다 집어삼키고 있는 것 같다.

크기 경쟁이 문화가 된 시대에 한국 교회의 문제들을 해결하는 방법 중에 가장 중요한 요소는 공동의 인식이다. 교회의 문제를 공동으로 인식하는 것이 필요하고, 또 그 문제를 해결하는 데도 공동의 인식이 요구된다. 공동으로 문제의식을 갖게 되면 새로운 문화를(더 정확히 말하면, 본래의 교회 문화이지만) 만들어 나갈 수 있기 때문이다. 그런 의미에서 건강한 작은 교회 운동이 건강하게 퍼져 나가면 좋겠다.

교회의 분립은 교회가 좀 더 작아지는 것에 대한 선택을 실천하는 것이다. 이것은 엉뚱한 생각이 아니다. 교회가 모두 커지기만을 기대하는 한국 교회에서 작은 교회를 선택하는 교회들이 좀 더 많아진다면 교회는 좀 더 건강해질 수 있을 것이다. 분립을 선택하고, 좀 더 작은 교회를 목회하는 것이 선택이 될 때, 그리고 그것이 높은뜻정의교회 하나만의 사건이 아니라 교회가 조금 성장하면 누구나 자연스럽게 하고자 하는 교회 성장의 하나의 과정이 된다면 한국 교회는 지금보다 더욱 좋아질 것이고, 더욱 건강하게 발전할 것이다.

그렇게 된다면 목회자가 서로 교회의 크기로 계급화되지 않을 것이고, 교회가 그 크기로 서열화되지 않을 것이다. 오히려 교회가 크고 물질적으로 부족함이 없는 상황이 부끄러움이 될 수도 있을 것이다. 주님이 가라 하시는 좁은 길을 가지 못함을, 주님이 지라고 하시는 십자가를 지지 못함을 부끄러워하게 될지 모른다. 그리고 작은 교회에서 평생을 눈물로 목회하시는 분들을 조금이라도 무시하지 않고 존경하게 될 것이다. 나는 그런 교회 문화를 꿈꾼다. 원래 있어야 하는 교회 문화 말이다. 그래서 분립은 하나의 저항이다.

## chapter 10

# 분립의 그림 그리기
### 낳을 것인가, 깨어질 것인가?

내가 참 사랑하고 아끼는 후배 목사가 있다. 재주도 많고 교회에 대한 정열도 큰 목사인데, 최근에 교회를 개척하고는 교회 이름을 '수박교회'라고 지었다. 이름이 마음에 들고 재미있어서 왜 수박교회냐고 물으니, 사람들의 갈증을 해소시켜 주는 교회, 사람들에게 달콤함을 주는 교회를 목회해 보고 싶다고 했다. 이름이 참 예뻤다. 그리고 의미도 좋아 마음에 쏙 들었다. 그런데 내가 수박교회라는 이름을 마음에 들어 한 데는 조금 다른 이유도 있었다.

수박의 원산지는 남아프리카의 칼라하리사막이다. 보츠와나와 나미비아에 걸쳐 있는 사막으로, 모래사막이 아닌 건조지 사막이다. 우리에게는 부시맨이 사는 곳으로 알려진 사막이기도 하다. 칼라하리사막은

돌산들이 있는 건조한 지형이라서 곳곳에 식물들이 자라는 편이다. 거기에서 수박이 생겨났다고 한다. 그래서 환경에 맞게 수박의 형태가 만들어진 것이라고 한다.

수박의 모양이 둥근 이유는 바람이 불어 굴러가다가 깨지도록 하기 위함이라고 한다. 새나 벌레들이 많지 않은 건조 지역이라 씨를 퍼트리기가 쉽지 않은 상황이기에 자신이 직접 바람을 타고 굴러가 터짐으로 이 문제를 해결한 것이다. 수박이 당도가 높은 데도 이유가 있다고 한다. 수박이 바람에 의해 굴러가다가 돌에 부딪쳐 깨지면 높은 당도에 의해 끈적끈적한 씨가 돌에 붙어서 뿌리를 내린다고 한다. 돌에 딱 붙어 있는 동안 높은 점도로 인해 바람에 날아가지 않는 것이다. 또한 수분 함량이 높은 것도 씨가 처음 흙에 뿌리내리기까지 필요한 초기 수분을 공급하기 위함이라고 한다. 사막 지대에서의 초기 수분은 씨가 죽지 않기 위해 절대적으로 필요한 요소다.

나는 수박을 보면서 하나님의 놀라운 배려를 느낀다. 사막에서도 수박이 종족 보존(?)을 할 수 있도록 하나님이 그렇게 만드신 것이리라. 물론 사막을 여행하는 사람들에게 충분한 수분을 공급하기도 하겠지만 말이다.

하나님이 교회를 만드셨다. 교회는 생명체이며 유기체다. 생명체의 특징은 첫째, 자라는 것이고, 둘째, 생명을 잉태하고 낳는 것이다. 생명을 잉태하고 낳는 형태에는 여러 가지가 있다. 어미의 몸에서 또 하나의 생명체가 나오는 것이 제일 보편적일 것이다. 그러나 수박과도 같이 본체가 깨지는 방법도 있다. 수박이 깨지면 온전한 것이 깨져서 모두 없어지는 것 같지만 그 안에서 새로운 생명이 생겨나 결국 더 많은 수박을 얻게 되는데, 그것이 창조의 법칙이며 원리다.

교회가 분립을 하게 되면 일어나는 분명한 사실은 분립을 하지 않을 때보다 훨씬 작아진다는 것이다. 높은뜻정의교회가 분립을 하면 분립을 하기 전보다 두 교회가 모두 작아진다. 훨씬 작아진다. 그러나 수박으로 표현을 하자면, 우리는 깨지지만 그것은 작아지기 위함이 아니라 새로운 생명을 낳기 위한 과정이다. 결국 하나님의 교회는 두 곳에서 더 든든하게 세워질 것이다. 그러니 두려워할 것 없다. 물론 깨어지는 아픔, 작아지는 서러움 같은 산고(産苦)는 있겠지만, 그것은 더 큰 기쁨을 얻기 위한 과정에 불과하다.

목회를 하다 보면 임신한 부부로부터 출산 기도를 요청받을 때가 많다. 만삭이라 배가 많이 불러 잘 거동도 못하는 예비 엄마들이 기도를 부탁한다. 그러면 나는 아이를 낳는 것이 처음인지, 아이 낳는 것이 두려운지 등 몇 가지를 묻는다. 예비 엄마들은 한결같이, 두렵지만 그렇게 두렵지는 않다고 답한다. 두려워하면서도 기쁨이 더 클 것 같다고 한다. 그렇다. 아이를 낳는 것이 두려움으로만 끝난다면 이 땅의 모든 여성은 아이를 낳지 않을 것이다. 최근 한국의 출산율이 낮은 이유는 그만큼 아이를 낳고 키우는 일이 두려워서일 것이다. 아이 때문에 포기해야 하는 것들이 생겨나는 것을 두려워하는 것이고, 아이가 태어나 사회에서 경쟁하며 살아가야 하는 것을 생각하면 두려운 것이다. 그럼에도 불구하고 새 생명을 잉태하고 낳는 이유는 두려움 뒤에 비교할 수 없는 큰 보람과 기쁨이 있기 때문이다.

교회를 분립하는 일을 교인들과 함께 생각하고 추진해 나갈 때 함께 같은 그림을 그리는 것이 중요했다. 나는 교인들에게 수박의 깨어지는 그림을 제시했다. 그리고 함께 그 그림을 그려 가자고 했다. 깨어짐에 대한 불안함은 곧 분립에 대한 불안함이었다. 멀쩡한 교회가 쪼개져 작아지는데 불안하지 않을 수 없을 것이다. 그러나 그 깨어짐이 새 생명을 낳는 과정이고, 결국 더 많은 생명이 될 것이라는 희망도 함께 품었다. 그 그림을 함께 그릴 때 우리는 교회가 작아지는 것에 대해 불안한 마음이 아닌, 우리 교회를 살리고 한국 교회를 유익하게 한다는 기대를 할 수 있기 때문이다.

그리고 에스겔서에 있는 말씀으로 표어를 삼았다. 이 말씀은 2017년 한 해 동안 교인들이 함께 읽으며 분립의 그림을 그리는 데 큰 힘을 주었다.

"주 여호와께서 이같이 말씀하시되 내가 백향목 꼭대기에서 높은 가지를 꺾어다가 심으리라 내가 그 높은 새 가지 끝에서 연한 가지를 꺾어 높고 우뚝 솟은 산에 심되 이스라엘 높은 산에 심으리니 그 가지가 무성하고 열매를 맺어서 아름다운 백향목이 될 것이요 각종 새가 그 아래에 깃들이며 그 가지 그늘에 살리라"(겔 17:22-23).

이 말씀의 표면적 내용을 단순히 보면, 연한 순을 꺾어 심으면 또다시 생명이 난다는 뜻으로 읽힌다. 마치 무성한 화초를 분리해 또 하나의 화분을 만드는 것과 같은 내용이기도 하다. 그러나 여기에는 보다 깊은 뜻이 담겨 있다. 에스겔 선지자는 주전 7세기에 활동한 선지자로서, 이스라엘의 남 유다와 유다의 수도인 예루살렘의 멸망을 예언한 선지자다. 그러나 그는 멸망이라는 절망만을 예언하지는 않았다. 절망 가운데 희망을 함께 예언했던 것이다. 그 희망이 무엇인가? 예수 그리스도이시다. 예수 그리스도가 다시 예루살렘을 회복하실 것을 예언하는 말씀을 전한 것이다. 에스겔서는 그런 의미에서 절망 가운데 희망을 예언하는 책이다.

우리 교회가 분립을 앞두고 표어로 삼았던 이 말씀도 예수 그리스도를 예언하는 부분이다. '연한 가지'는 바로 예수 그리스도를 말하는 것이고, '연한 가지를 꺾어 이스라엘의 높은 산에 심는다'는 것은 예수님을 예루살렘에 심는다는 뜻이다. 그때 각종 새가 그 아래 깃들이며 그 가지 그늘에 살게 될 것을 말한다. 바로 예루살렘이 회복된다는 것을 의미한다. 멸망한 것 같은 예루살렘이 예수 그리스도로 인해 다시 회복된다는 뜻이다.

예수님은 강한 가지가 아닌 연한 가지이시다. 초라한 모습, 마구간에서 태어나신 분, 나사렛 사람, 목수의 아들, 배우지 못하신 분, 가진 것이 없으신 분, 힘이 없으신 분이 바로 예수님이시다. 그러나 연한 가지 같은 예수님이 모든 사람을 살리는 '가지가 무성한 나무'가 되신다고 에

스겔은 예언했다.

  분립을 하기 위한 교인들에게는 함께 보는 비전이 중요하다. 에스겔서의 말씀을 보면서 나는 이 부분에서 교회 분립에 대한 두 가지 비전을 교인들에게 제시했다. 하나는 연한 가지를 꺾어다가 심으면 또 가지가 나는 것이 생명의 이치라는 것이었다. 교회는 생명체이기 때문에 한 가지를 다시 심으면 죽지 않고 성장한다는 비전이었다. 또 하나는 우리에게는 예수 그리스도가 계시다는 것이었다. 연한 가지같이 작아지고 약해지는 것 같지만 예수 그리스도가 계시니 결국 가지가 무성한 나무가 되어 많은 사람이 쉴 수 있는 곳이 되리라는 확신이었다.

  높은뜻정의교회는 생명을 낳는 방법으로 어미가 새끼를 낳는 방법을 택하지 않고 수박이 깨지는 것 같은 방법을 택했다. 우리는 깨어졌고, 그래서 당장은 작아졌고, 더 연약해졌다. 그것은 불 보듯 뻔한 사실이었다. 그러나 걱정하지 않았다. 결국 거기에서 더 많은 생명이 나올 것이기 때문이었다. 우리 교회는 살아 있기 때문이고, 우리 교회에는 예수 그리스도가 계시기 때문이었다. 그래서 우리는 분립을 생각하면 신이 났다.

## Chapter 11

# 목표는
# 다운사이징
### downsizing

목사로 살면서 종교개혁 500주년을 맞이했다는 것은 행운이었다. 그것도 한국 교회 한복판에서, 한창 목회를 하는 나이에 맞이한 것은 정말 감사한 일이었다. 그러나 어찌 보면 엄청난 부담의 성배(聖杯)이기도 했다. 아니, 어쩌면 독배(毒杯)였을지도 모른다. 어떤 방식으로든 개혁이 시도되어야 했기 때문이고, 그 개혁의 칼끝이 나를 향하지 않으면 무의미했기 때문이다. 혁명은 남을 바꾸는 것이지만, 개혁은 자신을 바꾸는 것이라 했던가? 분명 개혁이라는 녀석은 언제나 나에게 관심을 가지고 있기 때문에 좋아할 수도, 친해질 수도 없는 것 같다. 그만큼 개혁은 나를 바꾸는 일에 관심이 많기에 언제나 부담이 된다.

'무엇을 해야 교회를 살릴 수 있을까? 어떻게 목회를 해야 교회를 건강하게 다시 세울 수 있을까?' 고민하고 고민하다 선택한 것이 다운사이징(downsizing)이었다. 한국 교회의 모든 문제의 출발이 '성장유혹'(?)이라는 것 때문이라 해도 과언이 아닌데, 그러면 거꾸로 작아지는 것이 그 물길을 돌리는 실마리가 될 수 있겠다고 생각한 것이다. 교회의 분립은 이런 마음에서 시작되었다.

요즘 여러 분야에서 '다운사이징'이라는 말이 사용되고 있다. 이 말은 본래 '사물의 소형화(小型化)'를 의미하지만, '기업의 감량 경영'을 통칭하는 개념으로 더 많이 쓰이고 있다. 그러나 진짜 다운사이징이 필요한 분야는 기업이 아닌 교회가 아닐까 생각한다. 역사적으로 보면 교회의 타락은 언제나 교회의 양적 팽창과 함께했음을 부인할 수 없기 때문이다. 역사가 그것을 증명해 주고 있다.

또 한 번 한국 교회가 세습 문제로 홍역을 치렀다. 잊을 만하면 한 번씩 중대형 교회들이 세습을 감행한다. 사회적인 지탄 속에서도 세습이 자행되는 이유는 여러 가지가 있다. 세습을 감행하는 교회 측에서는 담임목사의 아들 목사가 남들에 비해 유능해 충분히 목회를 감당할 수 있다 하고, 또 아들 목사가 와야 교회의 리더십이 안정적으로 이양된다는 논리를 편다. 이런 이유들은 얼마든지 반박이 가능하다. 왜냐하면 그것이 진정한 이유가 아니기 때문이다. 그들도 정말 중요한 이유는 숨기고 지엽적인 이유를 대려니 논리가 약한 옹색한 이유만 이야기하는 것이다.

세습을 하는 진짜 이유는 세상이 다 알고 있다. 아까워서다. 다른 목사에게 그 자리를 주는 것이 아까운 것이다. 아깝다고 생각하는 배경에는 교회가 제법 커졌다는 이유가 자리하고 있다. 최근에 세습을 한 교회들의 대부분은 교회가 다른 교회에 비해 커졌기 때문이다. 교회가 커졌으니 남들에게 담임목사의 자리를 넘겨주기가 아까운 것이다. 그것이 정직한 이유다.

나는 이런 어처구니없는 문제를 풀어 나가기 위해 우리가 해야 하는 일에는 여러 분야가 있다고 생각했다. 피켓을 들고 저항하는 것도 필요하고, 불법이 판치지 못하도록 법과 제도를 만드는 일도 필요하다. 그리고 교회다움을 실천해 나가는 것도 중요하다고 본다. 그중에 나는 내가 잘하는 일을 하려고 했다. 세상을 바꾸기 위해 혼자서 여러 분야의 모든 일을 다 할 수는 없기 때문이다.

나는 본래 나서서 무엇을 하는 일을 잘 못하는 성격이라 앞에서 피켓을 드는 일을 잘 못하고, 제도를 만드는 것도 잘하지 못한다. 그러나 실천하는 것은 잘해 왔다. 원래 욕심이나 승부욕이 없어서 그런지 커지려는 욕심을 내려놓는 일이나 경쟁을 포기하는 일, 남들보다 작아지는 일을 어렵지 않게 할 수 있다. 그래서 나는 내가 잘할 수 있는 방법을 택한 것이다. 교회 타락의 한 원인이 커지는 것과 함께 왔다고 한다면, 반대로 교회가 작아지면 좀 나아질 것 같다는 단순한 생각에서다. 그래서 선택한 것이 다운사이징이다.

많이 작아질 필요는 없다고 본다. 그저 조금만 작아지면 된다. 조금만 작아져도 분주한 교회 행정에서 벗어나 교인들과 차분히 교제할 수 있고, 교회가 작아져 세상의 힘을 조금 잃으면 그만큼 하나님을 조금 더 의지할 수 있게 될 것이다. 그것만으로도 다운사이징은 성공적이다. 그러니 우리 교회의 분립은 개척이 목적이 아니라 몸집을 줄이는 다운사이징이 목적이라 할 수 있다. 우리 교회의 분립을 '개척'이라 한다면 이 땅에서 개척교회를 하시는 목회자들에게 비난받을 일이 될 것이다. 개척을 한 교회가 처음부터 700-800명의 교인들이 모여 예배한다고 하면, 그것은 그분들에게 좌절감을 드리는 것과도 같다. 그러나 우리 교회의 분립은 개척이 아닌 다운사이징이다. 더 많은 교회가 다운사이징에 관심을 가진다면, 그리고 그것에 가치를 둔다면 교회는 조금 더 건강해질 것이고, 교회의 크기로 목회적 성공과 목회자의 능력을 평가하는 가치 기준이 바뀔 수 있을 것이라고 확신한다.

"한국의 목회자는 대형 교회 목사님과 대형 교회를 꿈꾸는 목사님 두 부류만 있다"는 이야기가 농담이 아닌 가슴 아픈 진담으로 들린다. 나는 목회 성공의 기준을 바꾸고 싶다. 교인 수를 배가시킨 것으로 목회자를 평가하지 않는 교회 문화를 만들고 싶을 뿐이다. 그래서 다운사이징은 좋은 목회 문화를 위한 저항이다.

## Chapter 12

# 교회 분립의 의미,
# 파송

'80 대 20 법칙'이라는 법칙이 있다. 일명 '파레토 법칙'이다. 이탈리아 경제학자 빌프레도 파레토가 관찰해서 만든 법칙이다. 사회에서 일어나는 대부분의 현상의 80%는 20%의 원인으로 발생한다는 것이다. 예를 들면, 백화점의 매출 80%는 20%의 고객이 담당하고, 전 세계 에너지의 80%는 20%의 사람이 소비한다고 한다. 범죄자의 20%가 전체 범죄의 80%를 저지르고, 사람이 느끼는 행복의 80%는 인생의 20% 기간 안에 일어난다고 한다. 재미있는 것은 옷을 입고 있는 시간 중 80%는 소유한 옷 중에 20%를 입는다고 한다. 나를 생각해 봐도 정말 그런 것 같다.

나는 이 법칙이 맞다고 생각한다. 내 삶의 주변에서도 이 법칙은 대부분 들어맞기 때문이다. 그런데 놀라운 것은 '80 대 20 법칙'이 교회 안에도 깊숙이 들어와 있다는 것이다. 대부분 교회에서 일어나는 사역의 80%는 20%의 교인들에 의해 행해지기 때문이다. 정확한 수치는 모르겠으나 대체로 80 대 20이다. 부정하기 힘든 사실이다.

앞서 분립의 첫 번째 이유를 설명하면서 목양에 대한 정의를 언급했다. 그런데 오늘날의 목양은 그 의미가 많이 바뀐 것이 사실이다. 현대 사회에서는 교인 전체를 천국에 가도록 훈련하는 것보다는 대체로 20%의 사람들을 잘 훈련시켜 교회를 위한 봉사자로 만드는 일이 목양에 있어서 가장 중요한 부분을 차지할 것이다. 그리고 교회의 평안과 안정을 위해서는 20%의 사람들과 잘 지내는 것이 매우 중요한 목회적 기술로 여겨진다.

그러나 정작 여기에 목회자의 고민이 있다. '정말 교회의 일, 하나님의 일은 20%의 교인들과만 해야 하는 것일까? 익명의 교인들이 점점 많아지는 시대에 그 비율을 늘려 나갈 수는 없을까? 교회에 와서 예배만 드리고, 헌금만 하고 가는 교인이 아니라 적극적인 전도자로 살아가게 할 수는 없을까? 나아가 우리의 삶 전체를 하나님의 일을 위해 헌신하다가 천국에 들어갈 수는 없을까?' 그래서 목사는 고민이 많다.

성경은 보는 관점에 따라서 해석이 조금씩 차이가 날 수 있다. 교리적인 측면에서 보는 것과, 선교신학적인 측면에서 보는 관점이 다를 것이다. 성경을 선교신학적 관점에서 보면, 교회의 지상명령은 복음을 전하는 것일 것이다. 왜냐하면 예수님의 유언이기 때문이다. 예수님은 승천

하시기 전 이 땅에서 마지막으로 "가서 복음을 전하라"라고 말씀하셨다.

"예수께서 나아와 말씀하여 이르시되 하늘과 땅의 모든 권세를 내게 주셨으니 그러므로 너희는 가서 모든 민족을 제자로 삼아 아버지와 아들과 성령의 이름으로 세례를 베풀고 내가 너희에게 분부한 모든 것을 가르쳐 지키게 하라 볼지어다 내가 세상 끝날까지 너희와 항상 함께 있으리라 하시니라"(마 28:18-20).

그러나 이것은 예수님의 마음인 동시에 곧 하나님의 마음이다. 예수님은 하나님의 아들이시요, 곧 하나님이시기 때문에 언제나 하나님과 같은 마음이었다. 하나님이 우리에게 바라시는 것이 하나 있다면 그것은 우리가 '땅에 충만해야 한다'는 것이고, 그 땅에서 '생육하고 번성해야 한다'는 것이다. 그래서 하나님은 사람을 만드시고는 첫 번째 명령으로 "생육하고 번성하라"라고 명령하셨다.

"하나님이 자기 형상 곧 하나님의 형상대로 사람을 창조하시되 남자와 여자를 창조하시고 하나님이 그들에게 복을 주시며 하나님이 그들에게 이르시되 생육하고 번성하여 땅에 충만하라, 땅을 정복하라, 바다의 물고기와 하늘의 새와 땅에 움직이는 모든 생물을 다스리라 하시니라"(창 1:27-28).

이 말씀을 "힘으로 땅을 정복해 소유하라"라는 뜻으로 잘못 이해한 때도 있었지만, 본래의 뜻은 하나님의 마음과 정신이 온 땅에 퍼져 나가도록 힘쓰라는 것이다. 하나님은 사람을 창조하시고는 하나님의 마음이 이 땅에 충만하기를 바라셨고, 예수님은 온 땅에 복음을 전해 모든 사람이 하나님의 마음을 품고 살기를 바라셨다. 그래서 예수님은 승천하실 때 "온 땅에 복음을 전하라"라고 마지막으로 말씀하셨고, 승천 후에는 우리에게 그 일을 잘할 수 있도록 성령을 보내 주겠다고 하셨다. 그래서 성령께서 오신 목적은 사람들이 온 땅에 퍼져 나가 복음을 전하도록 하시기 위함이다.

"오직 성령이 너희에게 임하시면 너희가 권능을 받고 예루살렘과 온 유대와 사마리아와 땅 끝까지 이르러 내 증인이 되리라 하시니라"(행 1:8).

그러므로 성부, 성자, 성령의 마음은 동일하며, 창조의 시대나 예수님의 시대, 그리고 오늘날 성령의 시대 모두 한결같다. 그것은 복음이 퍼져 나가 온 세상 사람들이 하나님을 알고, 하나님을 섬기고, 하나님의 마음을 품고 살기를 바라시는 것이다. 그것이 하나님 나라를 이루는 것이기 때문이다. 이러한 선교신학적 관점으로 성경의 사건들을 바라보면, 바벨탑 사건은 흔히 하나님처럼 높아지려는 인간의 교만이 불러일으킨 사건이라 여기지만, 세상에 흩어지라는 하나님의 명령을 어긴 인간들에 대한 하나님의 강제적 해산임을 보여 준다.

"또 말하되 자, 성읍과 탑을 건설하여 그 탑 꼭대기를 하늘에 닿게 하여 우리 이름을 내고 온 지면에 흩어짐을 면하자 하였더니"(창 11:4).

하나님은 하나님의 자녀들이 이 땅에 흩어져 생육하고 번성하기를 원하셨다. 온 땅에 흩어지기를 싫어하는 것은 하나님의 마음이 아니다. 따라서 바벨탑 사건은 생육하고 번성하라는 하나님의 첫 명령을 잊은 사람들에 대한 징계라고 볼 수 있다.

초대교회의 핍박 사건도 교리적인 측면에서 보면 기독교 신앙을 지킨다는 것이 무엇인지를 알게 해주지만, 선교신학적인 측면에서 보면 시련 가운데서도 어떤 유익이 있었는지를 알 수 있다. 예루살렘교회는 3,000명, 5,000명으로 시작했지만, 당시 이방 사람들에게 복음을 전하는 데는 매우 비판적이었다. 그래서 이방인들에게 복음을 전하는 바울과 실라를 소환해 죄인 취급을 하고 종교재판을 열 정도였다. 그렇게 예루살렘교회는 첫 교회, 어머니 교회로서 흩어져 이방인들에게 복음을 전하는 일에 소홀했고, 하나님은 그런 초대교회의 사도들을 핍박을 통해 흩으셨다.

"사울은 그가 죽임당함을 마땅히 여기더라 그날에 예루살렘에 있는 교회에 큰 박해가 있어 사도 외에는 다 유대와 사마리아 모든 땅으로 흩어지니라"(행 8:1).

이 말씀에 기록된 지명의 순서는 사도행전 1장 8절에 나오는 지명의 순서인 '예루살렘과 온 유대와 사마리아와 땅 끝까지'와는 반대된다. 결국 예루살렘교회는 없어졌고, 그 뒤에 이방에 복음을 활발히 전했던 안디옥교회가 그 역할을 대신하게 되었다. 이 같은 하나님의 마음은 변함이 없으며, 하나님은 오늘 우리에게도 같은 마음을 갖고 계신다.

## 분립, 교인들 모두가 선교적 역할을 감당하게 되는 사건

우리는 앞서 '교회란 무엇인가?'에 대해 살펴보았다. 교회는 천국에 들어가기 위해 나그네 삶을 사는 이 땅의 모든 사람을 아주 작은 자 하나까지 소중히 여겨 독려해 믿음 생활을 하게 하는 곳이다. 함께 신앙생활을 하다 낙심해 공동체에서 떨어져 나간 사람을 찾아가 격려하고, 죄를 지어 괴로워하는 자들에게 위로해 다시 용기를 주고, 죄인에게 정죄하는 무리들을 가르쳐 함께 받아들이게 하는 곳이다. 그래서 결국 하나님의 일을 감당하는 하나님의 사람으로 만들어 함께 하나님의 일을 열심히 감당하다가 같이 천국에 들어가는 곳이다. 이것이 바로 하나님이 가장 기뻐하시는 교회의 모습이다.

그런데 이러한 하나님의 일에 교인들 중 20%만 참여해서야 되겠는가? 모든 교인을 이 일에 참여하는 하나님의 사람으로 만들어야 하는 것이 아닐까? 그것이 교회의 책임이고, 교회의 존재 이유가 아닐까?

'좋은 교회', '나쁜 교회'라는 말은 있을 수 없다. 교회는 다 하나님의 교회이기 때문이다. 좋은 교회, 나쁜 교회가 있는 것이 아니라 '본질에 충실한 교회'와 '본질에 충실하지 못한 교회'가 있을 뿐이다. 그것을 요즘 말로는 '교회의 건강성'이라고 말한다.

우리에게는 오해가 하나 있다. 교회의 건강이 민주적인 의사결정, 재정의 투명성으로 나타난다고 여기는 것이다. 그러나 더 중요한 것이 있음을 간과해서는 안 된다. '교회의 구성원 중에 얼마나 많은 교인이 하나님이 기뻐하시는 일에 참여하고 있는가?'이다. 구성원 대부분이 천국을 소망하고, 구성원 대부분이 하나님의 사람으로 살고자 소망하고, 구성원 대부분이 이 땅을 사는 동안 하나님의 복음을 전하는 일에 헌신하고자 하고, 구성원 대부분이 이를 위해 자신의 안락함과 편안함을 희생하는 일을 감수하는 것, 바로 이러한 일이 일어나는 교회가 건강한 교회다. 그리고 이런 교인들이 많아지는 것이 건강한 교회로 성장하는 것이다. 나는 '80 대 20 법칙'이 목회적 묵은 난제를 푸는 데 좋은 실마리가 될 수 있겠다고 생각한다.

한 일본인이 '80 대 20 법칙'으로 재미있는 실험을 하나 했다. 개미를 가지고 실험했는데, 놀라운 현상이 나타났다. 전체 일개미 집단 중에 약 20%만 일을 한다는 것은 잘 알려진 사실이다. 그런데 그는 일개미 중에서도 일을 잘하는 20%와 일을 안 하는 80%의 개미를 분리시켰다. 그 후 다시 살펴보니 양쪽 다 그곳에서 또다시 80 대 20이 생겨났다. 일을 안 하는 개미 중에서도 일을 잘하는 20%가 새롭게 생겨났다는 뜻이다.

교회도 분립을 하면 이 효과가 나타날까? 나누면 복음을 위해 일하는 교인들이 조금 더 많아질까? 우리는 이미 2009년에 높은뜻숭의교회의 분립을 통해 한 차례 이 현상을 경험했다. 교회가 분립하면 양쪽 교회에서 새로운 참여자들이 많이 생겨난다. 그것은 한 교회에서 일꾼을 양성하는 것보다 훨씬 더 빠르고 효과적이라 생각한다.

그러나 우리가 더 기대하는 것은 따로 있다. 교회의 분립은 분립을 통해 새로운 일꾼들이 많아지는 것도 매우 유익하지만 분립 자체가 교인들 모두가 선교적 역할을 감당하게 하는 사건이 되기 때문이다. 나는 그것이 더 기쁘고 기대가 되었다.

선교란 보냄을 받는 사람과 보내는 사람이 함께할 때 이루어지는 하나님의 일이다. 둘이 함께 있을 때 선교가 이루어지는 것이다. 교회의 분립은 새 교회로의 파송과 남은 교회의 보냄으로 이루어진다. 즉 모든 교인이 이 일에 참여한다는 점이 매력이다. 그러니 20%의 일꾼이 새로 생기는 것이 아니라, 100%의 교인들이 모두 보냄을 받고 보내는 사역을 하게 되는 것이다. 그리고 그 일을 위해 함께 기도하는 것은 우리의 신앙을 보다 건강하게 하는 일이 된다.

분립되어 새로운 교회로 나가는 교인들은 분명 파송을 받는 사람들이고, 남아서 기존의 교회를 지키는 교인들은 모두 파송을 하는 보내는 사람들이다. 그것이면 충분하다. 우리가 언제 복음을 위해 파송받고, 또 적극적으로 파송을 했던가? 교인들 모두가 이 같은 선교의 구체적인 사역자가 되는 체험은 정말 신 나는 일이 아닐 수 없다.

13. 교회 분립의 여정, 까르네발레

14. 온 교인과 함께 한 기도

15. 가고 남는 것은 어떤 의미일까?

16. 무엇이 고난이고, 어떻게 해결할 것인가?

17. 청빙 (請聘)

18. 중요한 일일수록 부드럽게

19. 좋은 사람들

Part 4

# 험난해도
# 보람된 여정
### 교회 분립의 일정

Chapter 13

# 교회 분립의 여정, 까르네발레

교회 분립을 준비하기까지 총 3년이라는 시간이 걸렸는데, 그 시간이 교인들에게는 연도별로 다르게 느껴지는 것 같았다. 3년 전 교인들이 분립을 결정할 때는 막연한 마음만 있었던 것 같다. 3년 뒤 분립을 하기로 결정은 했지만 '설마 할까?' 하는 마음도 있었고, 또 '우리 교회는 분립도 한다!'라는 자랑스런 마음도 조금 보이는 것 같았다. 그런데 2년 전부터는 무덤덤해지는 것 같았다. 분립에 대한 말들이 계속 나오는 것에 비해 진행은 전혀 되고 있지 않는 것 같은 기간이라 (2년째는 분립 장소를 추천받고 정하는 기간) 교인들의 분립에 대한 피로도가 높아지는 듯했다. 그러다가 3년째에 접어들어 분립이 피부에 와 닿는 기간이 되자 그 피로도가 한층 더 심해진 것 같았다.

여기서 한 가지, 교회의 분립이나 개척은 계획과 진행 기간이 너무 짧아서도 안 되지만, 그렇다고 너무 길어서도 좋지 않은 것 같다. 분립 준비 기간은 3년이 제일 좋은 것 같은데, 장소만 결정이 된다면 2년 정도도 괜찮은 것 같다. 그런데 절대 3년은 넘지 않으면 좋겠다. 교인들의 피로도가 높아져 자칫 좋은 의미로 시작한 분립 계획이 교인들의 건조해진 마음 가운데 좋지 않게 마무리될 수 있기 때문이다. 그러면 그 분립은 하지 않는 것만 못하게 된다.

이런저런 이유들로 분립에 대한 교인들의 피로도가 높아질 때, 그리고 일부 교인들 사이에서 "꼭 분립을 해야 하나?" 하고 불만이 조금씩 늘어날 때 교회는 교인들에게 분립의 본래 의도를 자꾸 일깨워 줘야 하고, 처음에 분립을 결정했던 기쁜 마음을 회복시켜 주어야 한다. 또 진행 기간이 축제가 되도록 분위기를 이끌어야 할 의무가 있다. 적어도 분립을 앞둔 마지막 1년 동안은 더욱 그렇다. 그러면 그 분위기를 어떻게 띄울까?

라틴어 '까르네발레'(carnevale)는 '축제'라는 뜻을 갖고 있다. 영어 '카니발'(carnival)의 뿌리다. 우리나라의 보령머드축제, 봉평메밀꽃축제, 여의도불꽃축제 등을 떠올리며 단순히 먹고 즐기는 모임 정도로 생각하기 쉽지만, 축제(祝祭)란 원래 종교 용어로서 신의 은혜에 감사해 제사하고, 그것을 기리며 기뻐하는 것을 뜻한다.

아직도 일본의 축제(祭り, 마츠리)는 철저히 종교의식으로 진행된다. 축제의 시작은 신사(神社)의 신(神)을 신의 가마인 미코시(神輿)에 태워 나오는 것으로 출발한다. 미코시를 메고 옮기는 사람들의 집단 구령인 "왔쇼이! 왔쇼이!"는 '신이 내려왔다'는 의미(한국말에서 유래되었다는 설도 있다)의 구호다. 일본 마츠리에는 3가지 요소가 있다. 첫째는 카즈기(担ぎ, 둘러매기), 둘째는 히키(曳き, 끌기), 셋째는 오도리(踊り, 춤추기)이다. 모두 신 앞에서 행하는 움직임이다.

까르네발레, 즉 카니발은 '사육제'(謝肉祭)로 번역된다. 이는 유럽의 종교적 축제에서 유래했기 때문이다. '까르네'(고기)와 '발레'(안녕)의 합성어다. 사순절 전 3-7일간 고기를 실컷 먹었던 기간이 바로 이 축제의 유래다. 기독교 문화에서 사순절은 예수님의 고난을 기억하면서 주님의 구속의 은혜를 기리는 기간으로, 이때 절제의 의미로 고기를 입에 대지 않는 전통을 지켜 왔다. 그래서 사람들은 사순절에 들어가기 전에 고기를 실컷 먹어 두는 기간을 정해 두었는데, 그것이 바로 까르네발레다.

축제의 기간에는 언제나 기쁘고 음식이 풍성해서 함께 나누는 모습이 나타난다. 왜 그럴까? 어려운 가운데서 하나님의 보호하심과 도우심을 깨닫고 기억하는 것, 그리고 그 기쁨을 이웃과 함께 기리는 기간이기 때문이다. 그래서 기독교 문화에서 축제는 하나님을 기억하는 일, 하나님의 도우심과 하나님의 살려 주심을 기념하는 일이다. 죽음 가운데서 살았는데, 새 생명을 얻었는데 무엇이 생명보다 더 소중하겠는가? 그래서 사람들은 다른 많은 것을 아낌없이 나눌 수 있었던 것이다. 내 것을 욕심내지 않고 서로 나누었다.

초대교회는 서로 물건을 통용했다. 사도행전 2장과 4장에 나오는, 물건을 서로 필요한 대로 나누는 신도들을 보면서 공산주의나 종말론을 말하는 사람들도 많이 있지만, 그렇게 쉽게 해석할 말씀이 아니다. 그들은 하나님의 은혜를 알았다. 그리고 그 은혜를 잊지 않았을 뿐이다. 그래서 축제에는 3가지 단계가 나타난다. 첫째, 하나님의 인도하심을 체험하고 기리는 것이고(행 2:43), 둘째, 하나님의 은혜를 체험한 사람들의 나눔이다. 자신들의 소유가 중요하지 않다는 사실을 깨닫게 되는 것이다(행 2:44-46). 셋째, 가장 중요한 삶을 살게 되는데, 그것은 바로 하나님께 예배하고 복음을 전하는 삶이다(행 2:47).

### 진정한 축제의 전제

우리 교회의 분립이 축제가 되어야 한다고 이야기하는 분들이 참 많았다. 나도 그렇게 생각했다. 그러나 분명하게 알아야 할 것이 하나 있었다. 축제가 되는 것은 인위적으로 할 수 없다는 것이다. 플래카드를 걸고, 풍선을 띄우고, 음식을 만들어 나눈다고 축제가 되는 것이 아니다. 진정한 축제에는 전제가 있어야 한다. 바로 하나님의 은혜를 깨닫는 것이다. 하나님의 사랑과 구원, 우리를 살려 주심을 알게 되면 무엇이 정말 귀한 것인지, 무엇이 귀하지 않은 것인지를 알게 된다. 그래서 기쁨으로 모든 것을 나누고, 하나님을 예배하며, 복음을 전할 수 있게 된다. 그러므로 교회 분립의 모든 여정(준비부터 진행, 완료까지)이 축제가 되어야 한다면, 교회는 먼저 온 교인에게 우리가 얼마나 큰 하나님의 사랑을 받은 존재인지와 하나님의 은혜를 일깨워 줘야 한다.

높은뜻정의교회에서의 지난 9년을 생각해 보면 모든 것이 하나님의 은혜였다. 하나님이 매 순간 우리를 인도하시고, 살려 주시고, 말씀으로 양육하시고, 부흥하게 해주셨다. 그러면 이제 우리는 그 은혜를 생각하며 무엇을 해야 하는가? 하나님께 감사와 기쁨의 제사를 드려야 한다. 축제에는 기쁨의 제사가 있어야 한다. 그 축제에 반드시 따라와야 하는 것이 있다. 내 것을 나누며 하나님께 드리는 것이다. 하나님의 은혜만 깨닫는다면 분립으로 인한 아쉬움 정도는 쉽게 떨칠 수 있다. 오히려 분립 자체를 또 하나의 은혜로 생각하게 될 수도 있다.

나는 시편 116편 12-14절을 참 좋아한다. 교회 분립의 여정에 이 말씀을 많이 암송했다. 하나님이 지난 9년 동안 주신 복이 매우 크기 때문이다. 교회를 분립해 또 하나의 믿음의 공동체를 세워 나가는 것을 하나님도 기뻐하시리라. 교회가 커졌다고 우리끼리 예배당을 더 크게 짓지 않고, 또 다른 곳에 교회를 세워 예배드리며 하나님이 만나게 해주신 학교의 학생들을 섬기고 선교한다면 하나님이 참 좋아하실 것 같다. 나는 우리 교인들도 같은 마음으로 이 말씀을 고백하기를 바랐다.

"내게 주신 모든 은혜를 내가 여호와께 무엇으로 보답할까 내가 구원의 잔을 들고 여호와의 이름을 부르며 여호와의 모든 백성 앞에서 나는 나의 서원을 여호와께 갚으리로다"(시 116:12-14).

# Chapter 14

# 온 교인과 함께 한 기도

나는 기도의 능력을 믿는다. 아주 강하게 믿는다. 목회하는 동안 가장 중요하게 생각하는 부분은 기도이고, 그래서 많은 목사님이 그러하듯이 기도하는 분들의 도움을 많이 받는다. 우리 교회도 중보기도팀이 있어 교회를 위해 기도한다. 교회의 크고 작은 문제들과 예배, 교인들과 교역자들을 위해 기도한다.

목회적인 위기가 있을 때, 그리고 우리의 상식으로는 풀 수 없는 문제가 닥쳤을 때면 언제나 중보기도팀에 SOS를 친다. 중보기도 팀장님께 기도 제목을 급하게 문자로 보내면 팀장님은 기도의 용사들인 팀원들에게 문자를 공유해 기도를 시작하신다. 그러면 언제나 문제가 잘 해결된다. 우리 교회 중보기도팀은 요일별로 팀원이 정해져 있어 하루도 쉬지 않고 교회를 위해 기도한다. 나는 중보기도팀의 기도를 좋아하고 늘 의지한다. 그것은 단지 그분들을 의지하는 것이 아니라 기도의 의미를 알고 하나님의 능력을 믿는 것이다.

우리 교회 중보기도팀은 특별히 예배의 시간에 기도를 열심히 한다. 언제, 어디서 예배를 방해하는 상황이 발생할지 모르기 때문이다. 한 번은 벼락을 크게 맞아 음향과 조명 시설이 다 망가졌고, 또 한 번은 예배당 안에 새가 한 마리 들어와 예배 시간 내내 날아다닌 적도 있었다. 당시 교인들은 하나님의 말씀을 듣기보다 새가 날아다니는 동선에 더 집중했다. 이런 일들은 언제나 발생 가능하고, 준비한다고 막을 수 있는 일도 아니다. 그래서 예배 시간에 늘 중보기도팀이 예배를 위해 기도를 한다.

분립을 함에 있어서 가장 중요한 것을 꼽으라고 한다면 단연 기도였다. 그만큼 분립을 잘해 내기란 매우 어려운 일이었기 때문이다. 그러나 이 일은 중보기도팀만이 기도해서는 안 될 일이라고 생각했다. 온 교인이 같이 기도하지 않으면 진행이 어렵다고 생각했다. 그래서 온 교인과 함께 더 많이 기도했다. 기도는 우리가 할 수 없는 일을 하기 위해서 하는 것이 아니라, 하나님의 뜻을 구하기 위해서 하는 것이다.

분립을 계획하고 준비할 때 우리에게 가장 어려웠던 문제는 분립 장소였다. 가장 중요한 장소가 결정되지 않은 상태에서 분립을 준비한다는 것은 매우 위험하고도 무모한 일이었다. 이사할 집을 구하지 못한 상태에서 이사 날짜를 받아 이삿짐을 꾸려야 하는 상황과 마찬가지다. 이

사야 계획이 뒤틀리면 한 가족이 고생하면 되겠지만 교회의 분립이 뒤틀리면 3,000명의 교인들이 받을 피해는 무척 클 것이었다. 그래서 온 교인과 기도하기로 했다.

  기도 방법으로는 공동 기도문을 작성해 소책자로 만들고, 교인들에게 기도하는 마음으로 읽도록 했다. 이 기도문을 예배 시간에도 읽고, 순모임 시간에도 읽고, 교회의 크고 작은 부서 모임에서도 읽고 기도했다. 가능하면 하루에 한 번씩 읽도록 교인들에게 권했다. 그리고 매일 기도한 것을 체크할 수 있도록 했다. 기도문은 목사님들이 한 파트씩 맡아 작성했고, 중보기도를 맡은 목사님이 최종 문장을 수정해 만들었다. 기도의 내용이 길기는 하지만 우리가 해야 할 기도의 내용을 모두 잘 담았다고 생각한다.

  우리는 기도문으로 기도하면서 분립에 장애가 되었던 문제들이 하나씩 풀리는 체험을 했다. 우선 그렇게 걱정했던 장소의 문제가 기도하는 중에 잘 해결되어 결정이 났고, 곧 장소 문제가 제때 해결되지 않아 교인들이 가졌던 여러 가지 불만이 해결되었다. 그리고 분립을 진행하는 데 필요한 예산이나 시간도 잘 맞춰져 갔다. 모든 것이 기도의 능력임을 다시 한 번 확인했다.

  공동 기도문은 두 차례 만들었다. 처음에 만들어 공유했던 기도문은 장소가 확정되기 이전에 교회가 나가야 할 길을 보여 달라는, 하나님의 뜻을 묻는 기도의 내용이 골자를 이루었다면, 분립 100일 전에 공유한 두 번째 기도문은 분립의 진행이 하나님의 방법으로 순조롭게 이루어지게 해달라는 기도였다. 이 기도도 온 교인이 공유해 같은 방법으로 매일 기도했다.

  이제 와서 생각해 보면, 교인들 입장에서는 분립이라는 것이 그렇게 쉬운 일이 아니었다. 정들었던 교인들을 떠나보내는 것도 힘들지만, 정든 예배당을 떠나는 것도 만만치 않게 힘든 일이기 때문이다. 그러니 이 모든 어려운 점들을 잘 극복하고 성공적으로 분립을 이루게 된 것은 무엇보다 기도의 힘이었다고 할 수 있다. 공동 기도문을 만들고 함께 기도한 교인들의 기도가 어려운 분립을 성공적으로 이루게 한 것이다. 분립을 하면서 우리 교인들은 기도의 응답을 함께 체험할 수 있었는데, 이 또한 무엇보다 좋은 신앙의 훈련이었다고 여겨진다. 담임목사가 절대 제공해 줄 수 없는 훈련 말이다.

## Chapter 15

# 가고 남는 것은
# 어떤 의미일까?

 분립 날짜가 다가오고, 매주 교회에 모일 때마다 교인들끼리 어디로 갈 것인지를 묻는 빈도가 높아지면서 교회 안에 묘한 감정이 생기는 것 같았다. 겉으로는 "덕소? 남소?" 하면서 즐겁게 묻고 다녔지만('덕소'는 덕소로 가는 교인들을 말하고, '남소'는 남아 있는 교인들을 말한다), 속으로는 '덕소'든 '남소'든 함께하기를 바라는 마음이 있었다. 그래서 덕소로 가는 분들은 다른 교인들도 덕소로 많이 가자고 설득했고, 남아서 교회를 지키겠다고 마음먹은 교인들은 더 많은 사람이 남아 있기를 바랐다. 정든 사람들과 끝까지 함께하고픈 마음은 누구에게나 마찬가지리라.
 그러나 그런 마음을 내버려 두어서는 안 될 것 같았다. 아주 드문 일이지만, 덕소로 가는 분들은 남아 있는 분들에게 "선교에 관심이 없다"

는 말을 하고, 남아 있는 분들은 덕소로 가는 분들에게 "교회에 대해 책임이 없다"고 말하는 소리가 들리기도 했다. 이후 교역자와 직원들의 거취가 결정되자 이런 말들이 조금씩 더 자주 들리기 시작했다. 소위 자기가 좋아하는 목회자가 있는 곳으로 움직이려는 교인들이 생기는 눈치였다. 분립은 분명한 목회철학과 신앙고백으로 진행되었지만, 교인들에게 같은 고백을 요구하는 것은 아무래도 무리인 것 같았다. 교인들은 대체로 교인들 입장에서 생각하기 때문이다. 그래도 생각하고 싶은 대로 놔두면 큰일 날 것 같아 교인들에게 가고 남는 것이 무슨 의미인지를 찬찬히 설명했다. 고맙게도 교인들이 잘 받아 주셨다.

내가 어려서 다닌 교회는 선교에 집중하는 교회였다. 선교사님들이 자주 오셔서 선교 보고를 하며 선교에 동참할 것을 설교하셨다. 그런 분위기에서 중등부, 고등부 시절을 보냈는데, 그때의 마음은 마치 선교사가 되지 않으면 하나님의 사람으로 살지 않는 것 같았다. 그런 분위기 탓이었을까? 나는 중학교 시절에 선교에 헌신을 하고는 후에 신학교를 갔다. 그런데 신학교에서 목회에 대한 공부를 배우면서 교회를 지키고 잘 세워 나가는 것이 매우 소중한 일이라는 사실을 알게 되었다. 교회가 든든히 서 있고 세상을 향해 천국의 모습을 보여 주는 것이 선교에 큰 동력이 된다는 것을 알게 되었다. 그래야 선교사도 보내게 되고, 후원과 기도도 할 수 있으니 말이다. 복음을 전하고 교회를 세워 나가는 일은 한 가지만 힘써서 되는 일이 아니다. 마치 종합예술과도 같다.

예수님의 제자 중 야고보와 요한은 형제였다. '세베대의 아들들'이라고 성경에 나오는데, 세베대의 아내는 살로메로 예수님의 이모였다. 즉 야고보와 요한은 예수님의 이종사촌 형제였다. 세베대는 갈릴리 호수의 어부였지만 품꾼을 둘 정도로 부유했던 사람으로 추정된다(막 1:20). 그리고 살로메는 예수님이 돌아가실 때 그 곁을 지켰던 세 여인 중 한 명이기도 하다(마 27:56; 막 15:40; 요 19:25). 조카가 죽었으니 마음이 많이 아팠을 것이다. 살로메는 예수님의 이모이기에 앞서 그분을 많이 믿고 따르던 여인으로 그려지는데, 그 위험한 시기에 아들 둘을 맡겼으니 믿음도 있고, 담력도 있었던 여인임이 틀림없다. 마태복음은 살로메가 예수님께 나아와 두 아들에 대한 부탁을 했다고 설명한다.

> "그때에 세베대의 아들의 어머니가 그 아들들을 데리고 예수께 와서 절하며 무엇을 구하니 예수께서 이르시되 무엇을 원하느냐 이르되 나의 이 두 아들을 주의 나라에서 하나는 주의 우편에, 하나는 주의 좌편에 앉게 명하소서"(마 20:20-21).

성경을 보면, 부탁을 받으신 예수님이 하신 대답이 꽤 의미 있다. "주의 좌우편에 앉는 것이 무엇을 의미하는지 알지 못하는구나"(막 10:38 참조). 그 후 예수님은 십자가에서 돌아가시고 부활하셨으며, 마가의 다락방에서 제자들이 모여 기도하다가 성령께서 오셨다. 야고보와 요한 형제는 성령께서 오시고 난 후 제자의 길을 걷게 되었다. 예수님이 하신 말씀의 의미를 비로소 알게 된 것이다.

그런데 두 형제가 걸어간 길은 서로 달랐다. 야고보는 초대교회(예루살렘교회)를 이끌어 가는 지도자가 되었다. 그가 예수님의 제자이면서 이종사촌 형제라는 점이 많은 사람에게 신뢰를 준 것 같다. 그러나 그는 위험했던 당시 교회에서 열정적으로 사역하다가 초대교회 사도로서 첫 순교를 당했다. 주후 44년경 헤롯 아그립바 1세에 의해 죽임을 당했던 것이다(행 12:1-2). 야고보의 역동적인 생은 너무도 짧게 끝났으나 모든 성도에게 힘을 주었다. 그는 영향력을 끼치는 삶을 살았고, 그로 인해 복음이 이방으로 전해지는 계기가 되었다. 선교의 큰 역할을 한 장본인이 되었던 것이다.

반면, 요한의 삶은 형과 그 결이 좀 달랐다. 요한은 대략 90세를 넘기며 오래 산 최장수 사도였기 때문이다. 그는 형을 죽인 헤롯 아그립바 1세의 박해 때 소아시아로 피신해 흩어져 있던 교인들을 가르쳤다. 그러다가 도미시안황제 때 잡혀 지중해의 밧모섬으로 유배를 당했다. 다시 풀려나 예수님의 제자 중 유일하게 순교하지 않고 94세로 죽었다. 형 야고보, 베드로, 바울, 그리고 도마까지 모든 사도가 순교하는 상황에서 그만 유일하게 순교하지 못한 사도로 남은 것이다.

이런저런 이유로, 아마도 요한의 장수는 그 자체로 죄책감으로 느껴졌을 수 있다. 그러나 그는 오랜 세월 교회를 지키면서 교회를 격려하고, 가르치며, 세워 나갔다. 그리고 말년에는 교인들의 훈련을 위해 후에 성경이 된 소중한 기록을 남기는 사역을 감당했다. 요한복음, 요한일·이·삼서를 기록했고, 밧모섬 유배 시에는 요한계시록을 썼다. 그러면서 그는 교회를 건강하게 세우기 위해 끊임없이 사랑을 강조했다.

　제자의 길은 한 가지 전형적인 형태로 나타나지 않는다. 야고보처럼 선교의 현장에서 격동적인 삶을 살기도 하고, 요한처럼 교회 안에서 사람을 세우고 교회의 조직을 사랑으로 견고히 세우기도 한다. 여기에서 중요한 질문을 하나 할 수 있다. "어떤 길이 하나님의 길인가? 어느 길이 더 주님의 제자가 가야 하는, 주님이 기뻐하시는 길인가?" 하는 것이다.

　답은 둘 다 하나님의 길이요, 둘 다 제자들이 가야 하는 길이라는 것이다. 형 야고보가 복음을 위한 큰 희생을 선택했다면, 동생 요한은 지키고 남아 있기를 선택했다. 두 형제가 걸어간 길은 사뭇 달랐지만 교회를 견고하게 하고 복음을 퍼뜨린 위대한 삶을 살았던 것은 분명하다. 만약 야고보가 없었다면 복음이 이방에 퍼져 나가지 못했을 것이고, 요한이 없었다면 교회는 2000년 동안 견고하게 이어져 내려오지 못했을 것이다.

　교회의 분립은 교인이 둘로 나뉘는 것이다. 그리고 우리 교회는 2018년부터 두 교회로 나뉘어 예배를 드리고 있다. 가는 교인들은 안주하는 것보다는 새로운 일에 도전해 보려 하고, 환경의 변화를 두려워하지 않는 선교적 사명이 큰 분들이라 여겨진다. 지나친 표현은 아닐 것이다. 그렇다면 남는 분들은 상대적으로 안주하려 하고, 도전을 싫어하고, 선교적 사명이 없는 분들이라는 뜻인가? 절대 그렇지 않다. 하나님의 일이란 뛰쳐나가 새로운 일을 하는 것만이 다가 아니다. 교회를 든든히 세우고, 조직하고, 사랑으로 견고하게 세워 서로 간에 진정한 교제를 나누게 하는 것도 매우 중요한 일이다. 교회를 통해 이 땅에서 천국을 보여 주는 것이 그리스도인이 해야 하는 제일 중요한 일이기 때문이다.

교회의 분립에 동참하는 교인들을 야고보와 요한에 비유할 수는 없지만 감히 비교해 본다면 이러할 것 같다. 가는 분들의 성향이 야고보 사도와 같다고 한다면, 남는 분들은 사도 요한과 같은 성향이 있다고 볼 수 있을 것이다. 두 성향의 교인들이 함께 있을 때 교회는 든든히 세워질 수 있다. 하나님은 두 성향의 사람들을 필요로 하시고, 또 그들의 성향을 십분 사용하신다. 하나님의 나라는 두 성향의 사람들이 함께할 때 온전하게 세워지기 때문이다.

## Chapter 16

# 무엇이 고난이고, 어떻게 해결할 것인가?

함께 신앙생활 하던 교인들이 서로 헤어지는 것은 큰 상실감을 준다. 심지어 구역이나 순 같은 교인들의 지역적 세부 모임에서 서로 친밀하게 지내며 신앙생활을 해온 교인들이 헤어지는 경우라면 마음이 더 아플 것이다.

실제로 분립의 시기가 눈앞에 다가오자 교인들은 헤어짐에 대한 걱정을 상당히 많이 하고 있었다. 높은뜻숭의교회가 처음으로 4개의 교회로 분립했을 때 교인들은 큰 상실감을 가졌었다. 2008년 12월 31일, 마지막 송구영신예배를 끝으로 서로의 예배 처소가 갈려야 했을 때 교인들은 서로 부둥켜안고 울었다. 그 후 서운함의 여운이 1-2년 정도 참 길게 갔었다. 어쩌다 길에서 옛 교인을 만나면, 함께 사역하다가 다른 교회로 가신 목사님이 교회를 방문하기라도 하면 그렇게 반가워할 수가 없었다.

교인들에게 헤어짐을 오히려 기쁨으로 여기라는 말은 성경적으로 볼 때는 정답이지만, 실상은 그들의 마음을 이해시키지 못했다. 교인들은 교회의 분립을 머리로는 받아들이지만 가슴으로는 받아들이지 못하는 경우가 많기 때문이다. 한국 교회의 실상과 교회의 건강한 성장을 생각할 때 교회가 성장한다고 자꾸 대형화되기보다는 교회를 분립해 지역을 섬기는 교회가 되어야 한다는 점에는 충분히 동의하지만, 그에 따른 손해와 아픔을 몸소 겪어야 한다는 것에는 많은 아쉬움을 가졌다. 따라서 건강한 교회를 위해서는 온 교우가 감수해야 하는 희생과 아픔이 있다는 점을 미리미리 알려 주어야 한다.

사실 2009년에 있었던 높은뜻숭의교회의 첫 분립은 아쉬움과 상실감이 컸다. 그 이유는 분립이 너무 단시간에 계획되고 시행되었기 때문이다. 교회의 특별한 상황이 있었지만, 연말에 있을 분립을 그해 9월 교인들에게 발표했으니 당연한 일이었다. 당시 교회는 단 4개월간의 준비기간을 가진 후 교회를 분립했다. 교인들의 입장에서는 15번 교회에 와서 예배를 드렸는데 교회가 분립이 된 것이었다. 그래서 당시 교인들에게 아쉬움보다는 많이 놀라는 모습이 역력했던 것이 기억이 난다.

그런 이유로 분립 이후에도 교인들은 약 2년간 지역적으로, 아니면 함께 봉사했던 관계로 서로 만나고 교제하기를 계속했다. 그리고 왔다 갔다 하며 예배를 드리는 교인들도 많았다. 모두가 헤어짐을 아쉬워했기 때문이었다.

그러나 이번 두 번째 분립은 오래전부터 계획했고, 또 그 계획을 교인들과 함께 공유해 온 터라 교인들의 아쉬움이 상대적으로 덜했다. 오히려 3년간 분립 이야기를 해와서 분립에 대한 피로감이 있어서인지 덤덤하게 받아들이고 분립에 참여했다.

2009년의 첫 분립 때 생각보다 교인들의 상실감이 컸던 이유가 또 하나 있다. 교인들이 분립 과정에 전혀 참여하지 못했기 때문이다. 당시 예배 장소로 임대해 사용하던 숭의여자대학의 요청으로 학교를 급하게 비워 주어야 하는 일이 발생했기에 교회가 시급히 분립을 추진하느라 교인들이 분립하는 교회를 선택하는 일 정도만 할 수 있었다. 그 일은 교인들에게 두고두고 아쉬움을 주었다.

당시 경험상 분립 계획은 교인들이 스스로 하도록 하는 것이 최선임을 알게 되었다. 오늘날의 교인들은 교회의 일방적인 계획과 명령과 시행에 동의하지 않는다. 그것도 함께 신앙생활을 하던 교인들을 갈라놓는 분립 같은 엄청난 사건을 두고 교회의 일방적인 결정을 따라야 한다는 것에는 쉽게 동의하지 않는다. 아무리 교회를 건강하고 바르게 성장시키는 일이라 할지라도 말이다. 이를 위해 교인들이 수긍하고 동의할 수 있는 교회의 규칙을 만들어 놓는 것이 가장 좋다. 문서로 규정을 만들어도 좋고, 심정적 공유를 해도 좋다. 우리 교회는 어느 정도 외형적 규모가 커지면 분립이나 개척을 하겠다는 내용의 약속들이 필요하다.

높은뜻정의교회는 2009년 높은뜻숭의교회로부터 분립해 교회를 처음 시작할 때 앞으로 주일 출석 교인이 3,000명이 되면 분립을 하기로 했다. 당시 주일 출석 인원은 1,600명이었다. 그러나 처음부터 이 규칙은 교인들의 마음 가운데 누구나 이해하고 동의하는 교회의 정신이 되었다. 사실 그때는 3,000명이 되기까지 많은 시간이 걸릴 것으로 생각했다. 실제로 2015년에 주일 출석 2,800명이 넘어섰을 때 교회는 분립을 염두에 두고 실제적인 준비에 들어갈 수 있었다.

그렇다면 교인들을 교회의 분립에 어떻게 참여시키고 진행해 나갈 수 있을까? 교인들을 분립에 참여시키는 방법은 우선 분립준비위원회를 구성함에 있어서 그 위원 자리에 교인들의 대표성을 가진 분들을 골고루 포진시키는 것이다. 우리 교회의 경우 장로 2인, 안수집사 2인, 권사 2인, 서리집사 2인, 일반 교인 2인, 청년 2인, 그리고 교역자 1인을 준비위원으로 구성했다. 이들의 임무는 교회의 중장기 발전을 위해 교회가 어떤 방향으로 나가야 할 것인가를 연구하는 것이었다. 그래서 그 위원회의 이름을 '교회중장기발전위원회'로 붙였다.

교회의 건강한 성장에 있어서 분립이 타당한지부터 연구를 해서 교인들이 원하는 것이 무엇이며, 교회가 어떤 방향으로 성장해 가기를 바라는지를 연구하도록 했다. 거의 매주 모여 토론하고 회의했다. 각각 맡은 분야에 대해 연구했고, 또 교인들 속에 깊숙이 들어가 교인들의 마음을 읽어 내는 일도 빠뜨리지 않았다. 그리고 전 교인을 상대로 설문조사도 했다.

위원회의 활동 기간은 약 1년이었고, 연구 결과는 보고서로 작성되어 교인들에게 알렸다. 연구 결과는 교회가 계속 건강하게 성장하기 위해서는 분립을 하는 것이 가장 타당하다는 것이었다. 그 과정을 다 세밀하게 말할 수는 없지만, 많은 기도와 우여곡절 끝에 나온 결과였다. 그러므로 교회 분립은 교인들이 주도하고, 교인들의 의사를 반영해 나온 결과라고 볼 수 있다.

이런 경험들을 토대로 정리해 보면, 교회 분립은 2-3년이라는 준비 기간을 두는 것이 좋고, 교인들이 분립을 함께 준비할 수 있도록 해야 한다는 것이다.

## Chapter 17

# 청빙
### 請聘

교회를 분립하면 높은뜻정의교회에 새 목사님이 오셔야 했다. 담임 목사인 내가 덕소의 새 교회로 가기 때문이었다. 어느 교회나 새 목사님을 모시는 것은 만만치 않은 일이다. 그래서 후임 목사님을 정하는 과정에서 교회마다 많은 내홍을 겪기도 한다. 교단 총회의 헌법을 어겨 가면서까지 아들에게 담임목사직 세습을 강행하는 이유도 이와 무관하지 않다.

우리 교회는 시무장로님들이 청빙위원이 되어서 새 목사님을 청빙하는 모든 일을 진행하셨다. 물론 나는 개입하지 않았다. 평소 전임 목사가 후임 목사의 선정에 개입하는 것은 옳지 못하다고 생각했기 때문이다. 다만 청빙위원들에게 목회자로서 한 가지만 부탁드렸다. '청빙'의

말뜻대로 진행해 달라고만 했다. '청빙'의 한자어는 '청할 청'(請) 자에 '찾아갈 빙'(聘) 자다. 즉 '찾아가 청하여 모셔 온다'는 뜻이다. 교회에서만 쓰는 독특한 단어다. 일반 사회에서는 '초빙 교수'(招聘 敎授)를 말할 때 유일하게 쓴다. 교회가 굳이 청빙이라는 단어를 만들어 쓰는 이유는 목회자를 구할 때 최대한 예를 갖춰 모셔 와야 한다는 의미가 담겨 있는 것이다.

오늘날 한국 교회에서 목회자를 구할 때 '청빙'의 정신이 사라진 지 오래다. 그저 직원을 채용하듯 이력서를 받고, 세상적인 조건이 조금이라도 더 좋은 자를 추리고, 면접을 하며 무례한 질문들을 던지고, 그래서 마음에 드는 사람을 합격(?)시키는 청빙 문화가 교회 안에 깊숙이 들어와 있다. 담임목사를 뽑는 것이 회사의 CEO를 뽑는 형식과 같아지는 것 같아 안타깝다. 기획실, 비서실 등 하나부터 열까지 어느덧 교회는 기업이 되어 가고 있다. 나는 이런 교회 문화와 오늘날 교회의 위기가 절대 무관하지 않다고 본다. 그렇기에 목회자의 청빙에는 청빙하고자 하는 교회 공동체의 신앙고백과 교회에 대한 신학, 그리고 인간에 대한 철학이 있어야 한다고 생각한다.

우리 교회는 몇 가지 중요한 원칙을 정했다. 먼저는 청빙위원들이 자신들이 아는 목사님들을 직간접으로 소개하거나, 청빙 공고를 내서 이력서를 접수받는 일은 하지 않기로 했다. 어떤 방식으로든 청빙위원과 연관이 되는 것을 청빙위원들 스스로가 막았다. 대신 평소 우리 교회가 존경하는 교계의 목사님 6명, 그리고 신학교 교수님 6명에게 각각 한 명씩 추천을 받기로 했다. 그렇게 추천을 받으면 추천받으신 목사님이 모두 12명이 되었다. 추천 조건은 단 하나, 현재 부목사님이거나 기관목사님이신 분으로 의뢰했다. 현재 담임목회를 하시는 분을 추천 대상에서 제외한 이유는 아무리 좋은 분이라도 현재 목회하는 교회를 갑자기 떠나게 되면 그 교회에 적잖은 아픔을 줄 수 있다고 생각했기 때문이다.

추천위원이신 목사님들과 교수님들에게는 청빙위원들이 직접 찾아뵙고 부탁을 드렸으며 추천을 받았다. 이상한 일은 고사하신 한 분을 제외하고 11명이 추천을 해주셨는데, 복수의 추천을 받으신 분이 있었다는 것이다. 여기에 하나님의 깊은 뜻이 있으리라 생각해 그분들을 중심으로 3명을 선정해 청빙위원들이 만났다. 말이 면접이지, 한 분 목사님과 청빙위원 5명이 2시간에 걸쳐 긴 대화를 나누었다. 묻고 답하는 형식이 아니라 사는 이야기, 목회 이야기를 함께 나눈 것이다. 편안하고 즐겁게, 그리고 딱딱하지 않게 긴 시간을 대화하고 난 후 청빙위원들이 기도하고 한 분을 선정했다. 결과는 만장일치였다. 그것도 참 놀라웠다. 그리고 그분께 통보를 해드렸다. 이후 당회에서는 청빙위원들이 그간 기도하며 선정한 새 목사님을 승인했다.

선정이 되신 목사님은 11월 초에 높은뜻정의교회에 오셔서 두 주간 설교를 하셨다. 그때 나는 모든 교인에게 목사님을 소개하면서 "어디, 설교를 잘하나 못하나 한 번 들어 보자는 마음으로 설교를 들어서는 안 되고, 이 목사님을 통해 들려주시는 하나님의 마음을 듣고자 하는 간절함으로 설교를 들어야 합니다. 우리는 이 목사님을 통해 하나님의 마음을 알아 가야 할 것입니다"라고 말했다. 나로서도 후임 목사님의 설교를 들으니 기분이 참 묘했다. 그리고 모든 청빙의 일정을 지켜 주신 하나님께 감사했다.

많은 교회가 청빙 문제로 갈등을 겪는 것을 볼 때 짧은 기간 깨끗하게 청빙이 된 과정은 다른 교회들에게도 그 노하우를 공유하고 싶을 정도다. 무엇보다 청빙위원들이 조금의 사심도 없이 좋은 목사님을 모시고 싶은 마음이 있어 가능했던 일이다.

두 번의 설교가 있은 후 그다음 주일에 교인들이 공동의회를 열어 새 담임목사님의 찬반 투표를 했고, 높은 찬성률로 교인들로부터 청빙이 허락되었다. 청빙위원회가 구성된 것이 9월이니, 청빙 작업을 시작한 지 2개월 만에 모든 일정을 순조롭게 마쳤다. 청빙하는 과정은 무척 즐거웠고, 기대되었고, 또 잘 이루어졌다. 전임 목사인 나로서는 일면식도 없는 목사님을 우리 교회 장로님들이 정성을 다해 새 목사님으로 모셔 오셨으니 이제 정성을 다해 목회를 해주시기를 기대한다. 새 목사님이 오심으로 분립의 9부능선(九部稜線)을 넘게 되었다.

## Chapter 18

# 중요한 일일수록 부드럽게

영국 경찰은 절대 뛰지 않는다는 말을 들었다. 정말 그런 규정이 있는지는 확인하지 못했지만, 그렇게 알려져 있다. 영국 경찰이 뛰지 않는 이유는 경찰이 뛰면 시민들이 불안해하기 때문이라고 한다. 일리가 있는 말이다. 영국 사람들이 '젠틀맨'이라는 소리를 듣는 이유 중에 하나인 것 같다. 경찰이 뛰지 않음으로써 시민들의 마음을 편안하게 해주는 것은 절대로 민원 처리가 느린 것도, 또 범인을 잡으려는 의지를 포기하는 행위도 아닐 것이다. 이렇듯 배려는 작은 것에서부터 오는 것이리라.

비슷한 맥락에서, 목회자가 심각한 표정으로 조급하게 살아가는 것은 목회적으로 좋지 않은 것 같다. 보다 유머감각을 갖고 여유롭게 생활하는 것이 참으로 중요하다고 본다. 물론 유머감각은 직종과 관계없이 모든 사람에게 필요하겠지만, 많은 교인을 상대해야 하는 목회자에게는 더더욱 필요한 것 같다. 목회의 과중한 일들과 만남 가운데 유머를 갖는 것은 자신의 정신 건강이나 영적 건강에도 도움이 될 뿐 아니라 교인들의 마음에 편안함을 줄 수 있어서 그렇다. 너무 지나쳐서 매사에 장난스럽고 가볍게 느껴지지만 않는다면 목사의 유머감각은 긍정적이다.

사실 교회의 분립은 그렇게 낭만적인 주제가 아니다. 재미있는 주제는 더더욱 아니다. 여러 가지 교회의 프로그램 중에 한 번 해볼 수 있는 행사가 아니다. 아무리 축제와 같은 분위기 속에서 분립을 하자고 해도 실천하려는 교회나 교인들 입장에서는 더더욱 그렇다. 목회자의 감에 의하면, 분립의 날짜가 정해지고 난 후 디데이가 다가올수록 교인들이 불안해하는 모습이 역력히 나타났다. 교인들 중에 거친 표현을 하시는 분들도 보이기 시작했다. 함께 신앙생활 하며 봉사하던 교인들과 이제 곧 헤어진다고 생각하니 서운한 마음이 들지 않을 수 없었을 것이다. 그것은 의지력이 강한 젊은 세대보다 장년 세대나 교회학교 아이들에게서 더 두드러지게 나타났다.

어떤 교인 한 분이 메일을 보내왔다. 분립이 마음에 들지 않는다는 내용이었다. 분립해 나가는 새로운 교회로 가서 예배드리는 교인들이야 담임목사와 함께 가니 좋겠지만 남아 있는 교인들은 불안하다는 것이다. 그리고 실제로 많은 교인이 제3의 교회로 옮길지 고민하고 있다고 전해 주었다. 충분히 가능한 일이었다. 함께 봉사하던 정든 교인들과 헤어지는데, 그리고 교회가 훨씬 더 작아질 텐데 교인들이 느끼는 상실감은 매우 클 것이었다.

교인들이 불안해하는 이유는 대체로 두 가지 이유 때문이었다. 분립에 대한 매우 중요한 일들이 교인들이 잘 모르게 진행되고 있다고 생각하는 것이었다. 실제로 분립 찬반 투표에 전체 교인이 직접 참여했고, 분립에 대한 전체 진행 사항을 매주 공고를 통해 알려 드렸지만, 여전히 세부적인 사항의 진행이 당회나 분립준비위원회에 의해서 결정된다고 생각했기 때문에 의문점들이 많아지는 것이 불안의 원인이 되었다. 불안 요소의 또 하나는 새로운 담임목사님에 대한 것이었다. 분립을 앞둔 상황이지만 당시 청빙 과정이 조금 늦어지면서 새로운 목사님도 결정되지 않은 상황에서 교인들에게 두 교회 중 하나를 선택하라는 것이 불안을 넘어 불만의 요인이 되었던 것이다.

교회 분립이라는 대과업 앞에서 일련의 교인들의 불만 소리가 표면 위로 나타나려는 시기에 L 집사님의 조언이 크게 도움이 되었다. L 집사님은 평생 언론계에 몸담으셨던 분이어서 시류를 읽는 탁월한 은사가 있는데, 그때 교인들이 불안해하는 요인이 무엇인지, 그리고 그 부분을 어떻게 해결하면 좋을지에 대해 조언을 해주셨다. 그러면서 교회의 분립 같은 무거운 주제일수록 부드럽게 접근해야 한다고 하셨다. 당시 그분의 조언은 마치 하나님의 음성(?)같이 들렸다. 자칫 잘못하면 불안이 불만이 되어 분립을 이루기도 전에 교회가 어려움에 처할 수도 있었는데, 정말 큰 도움이 되었다.

교회는 L 집사님의 조언을 듣고 두 가지 방법을 시행하기로 했다. 하나는 매주 발간되는 주보에 분립에 관한 난을 만들어 교인들의 질문에 친절히 답하기로 했다. 왜냐하면 일방적인 공지로는 교인들이 스스로 분립에 참여하고 있다는 것을 잘 느끼지 못하고, 또 분립에 대한 정보를 특정인들만 갖고 있다고 생각했기 때문이다. Q&A는 문제 해결에 매우 좋은 방법이었다. 그리고 또 하나, Q&A 방식을 만화로 접근하는 것이었다. 딱딱해진 교인들의 마음을 만화를 통해 부드럽고 편안해지도록 유도하려는 의도였다. 분립을 앞둔 가을, 한 달 반 동안 총 6회에 걸쳐 만화 Q&A를 주보에 게재했고 그 결과는 대성공이었다(부록 2 참조).

나는 그 후로도 L 집사님께 한두 가지 조언을 더 구했다. 그때마다 집사님은 흔쾌히 지혜로운 말씀을 해주셨고, 분립으로 많이 힘들 때 아주 큰 힘이 되어 주셨다. 한마디로 '족집게 과외'(One-point Lesson)라 하겠다. 하나님이 좋은 과외 선생님을 내게 보내 주셨다. 교회는 그렇게 조금씩 부드럽게 분립을 진행해 나갔다.

L 집사님은 현재 높은뜻정의교회에 남아 계신다. 그리고 사실 높은뜻정의교회에 등록한 지 그렇게 오래되신 분은 아니다. 그럼에도 불구하고 목회에 있어서 그처럼 여운이 오래 남는 이유는 아주 중요한 때에 목회적으로 소중한 도움을 받았기 때문이다. 지극히 나 중심적으로 생각해 본다면, 아마 교회 분립이 성공적으로 잘 이루어지도록 하나님이 보내 주신 분이 아닌가 하는 생각이 들 정도다.

## Chapter 19

# 좋은 사람들

  2017년, 단풍이 붉게 물든 11월 초 어느 날, 우리 교회가 분립해 가려고 하는 지역인 덕소의 목사님들을 만났다. 그때까지만 해도 분립 장소가 확실하게 결정되지 않았다. 9월에 덕소의 목사님들을 한 차례 만난 후 두 번째 만나는 날이었다. 덕소 지역의 목사님들과의 만남은 늘 마음에 큰 부담이 되었다. 왜냐하면 그분들에게 많은 염려를 끼쳐 드렸기 때문이다. 그렇다고 다른 장소를 정하는 등 문제 해결의 조짐이 딱히 보이지 않았기 때문에 더욱 죄송한 마음뿐이었다. 그런 답답한 마음에 더 많이 기도하고 목사님들을 만났다. 아마 그날은 내 인생에 있어서 가장 무거운 마음으로 사람들을 대했던 날인 것 같다. 그만큼 모든 것이 죄송한 마음뿐이었다. 그런데 이상한 일이 벌어졌다.

덕소의 목사님들은 그날따라 참 온화해 보였고 친절하셨다. (원래 그런 분들이셨다). 그분들은 내게 덕소의 선교를 위해 함께 동역하자는 따뜻한 말씀을 해주셨다. 사실상 우리 교회가 덕소로 들어가는 것을 받아 주겠다는 허락의 말씀이었다. 내게는 마음의 큰 짐을 더는 순간이었다. 마음이 넉넉한 그분들로 인해 분립의 미루어졌던 막바지 준비가 기쁘게 진행될 수 있었다. 그토록 기도해 왔던 장소의 문제가 덕소의 목사님들의 배려로 해결된 날이었다.

생각해 보면 장소로 인한 스트레스는 여간 큰 것이 아니었다. 교회를 분립하는 데 있어서 많은 어려움이 있었지만, 그중 제일 힘든 일은 역시 장소를 결정하는 문제였다. 덕소고등학교 강당을 빌려 예배를 드리려고 덕소고등학교 측과 대화를 한 것은 2016년 말이었다. 원래 2016년이 분립해서 나갈 교회의 장소를 알아보고 확정하기로 한 해였기 때문에 처음에는 분립의 일정이 순조롭게 진행되는 것 같았다.

그런데 2017년 초에 덕소 지역의 교회들이 많이 반대한다는 소식을 들었다. 덕소 지역에 이미 적잖이 교회들이 있는데 우리 교회가 분립해 덕소에서 새롭게 예배드리는 것을 좋게 생각하지 않았다. 2017년 들어서 한 해 동안 우리 교회가 받은 공문이나 편지가 모두 8차례나 되었다. 공문의 내용은 대부분 분립한 교회가 덕소에 들어오는 계획을 철회해 달라는 것이었다. 와부 덕소 지역 교회연합회에서도 보내왔고, 남양주 교회연합회에서도 공문을 보내왔다. 그리고 덕소고등학교 근방의 교회에서도 여러 차례 공문이 왔다.

그러나 나는 이상하게 생각하지 않았다. 그리고 잘못된 일이라고 받아들이지도 않았다. 왜냐하면 지극히 당연한 반응이었기 때문이다. 입장을 바꿔 놓고 생각해도 그것은 잘못된 반응이 아니었다. 아무리 덕소고등학교 강당을 빌려 예배를 드린다 해도 이미 많은 교회가 있는 곳에 또 하나의 교회가 들어선다는 것은 쉽게 이해가 되지 않는 상황이었다.

그래서 나는 반대하는 공문을 받을 때마다 마음이 무척 아팠다. 그 아픔은 우리 교회의 분립을 이해해 주지 못하는 덕소 지역의 교회들 때문이 아니라, 장소의 문제도 해결하지 못하고 다른 교회를 힘들게 한 나의 무능력 때문이었다. 그때 너무 고민을 하고 괴로워해서인지 몸무게가 5kg이나 빠졌다. 큰 교회를 조금 작게 나누려는 교회의 분립이 아무리 좋은 일이라 해도 다른 교회에 피해를 주면서까지 분립하는 것은 아니다 싶었다.

그래서 정말 열심히 다시 장소를 찾기 시작했고, 교회는 2017년 8월까지 장소에 대한 결정을 짓겠다고 교인들에게 다시 공지를 했다. 적어도 8월까지는 장소가 결정되어야 그 뒤의 일들을 진행해 나갈 수 있었기 때문이다. 그런 의미에서 8월은 장소 결정의 마지노선과도 같았다. 그런데 그 시간표가 결국은 11월까지 간 셈이었다. 그만큼 분립에 있어서 장소의 문제는 해결이 참 어려웠다.

그러면 어디로 가야 하나? 지도를 펴 놓고 부목사님들과 고민을 많이 해봤는데 이미 전국 어디건 교회가 있어 어느 곳으로 가든지 지역 교회의 반대가 예상되었다. 그리고 많은 사립 중고등학교의 경우 대부분 이미 교회들이 예배 장소로 강당을 사용하고 있어 다른 학교를 찾는 일이 쉽지 않았다. 답답했다. '교회가 커지면 그냥 새 예배당을 크게 지어야 하나? 결국 교회를 분립하는 것은 한국 상황에서는 불가능한 일인가?' 하는 생각이 들었다.

장소의 문제는 내가 노력한다고 해결될 일이 아니었기에 가장 먼저 교인들에게, 그리고 중보기도팀에게 기도를 부탁했다. 그리고 나도 문제를 풀어 나가기 위해 기도하며 열심히 노력했다. 그 노력이라는 것은 새로운 장소를 찾는 것과 덕소 지역의 목사님들을 만나는 것 등이었다. 그렇게 덕소 지역의 목사님들을 모두 두 차례에 걸쳐 만났다. 그리고 두 번째 만나는 날, 목사님들로부터 뜻밖의 선물을 받았던 것이다. 힘들고 어려웠던 모든 문제가 한꺼번에 풀린 날이었다.

물론 알고 있다. 덕소 지역의 교회들과 목사님들이 무조건 좋아서 우리를 받아 주신 것은 아닐 것이다. 힘들고 걱정되는 부분이 더 많을 것이다. 그럼에도 불구하고 불편한 마음을 내려놓고 새 교회를 안아 주신 그분들을 보면서 우리가 더 낮은 자세로 덕소 지역의 교회들을 섬겨야겠다고 생각했다. 분명한 것은, 덕소 지역의 목사님들이 나보다 더 예수님을 잘 믿고 계신다는 것이다. 부끄럽고 감사한 날이었다.

장사를 하는데 내 영역에 들어와 손님을 빼앗아 간다면 그것은 나쁜 일이다. 그것도 먼저 들어가 자리를 잡고 잘 장사하고 있는 가게 옆에서 새롭게 장사를 하려 한다면 먼저 장사를 시작한 가게에 큰 타격을 줄 것이다. 그래서 권리라는 것이 있고, 가게를 사고팔 때 권리금을 주고받는다. 상도(商道)라는 말도 그래서 나왔다. 교회들이 이미 어느 정도 있는 곳에 또 하나의 교회가 생기는 것에 대해 좋지 않게 보는 시각이 많다. 분립을 하면서 그런 시선을 많이 느꼈고, 그래서 분립을 더 신중하게 해야 할 것이라고 생각했다. 속이 상할 때는 '다시는 분립을 하지 않겠다'는 생각을 했을 정도로 말이다.

그러나 생각을 조금 달리해 보자. 그곳이 가게가 아닌 전쟁터라면 어떨까? 전투를 치르고 있는 전장에 새로운 병력이 온다고 한다면 그것은 막아야 될까, 아니면 반겨야 될까?

내 일이고 내 전투라고 한다면 죽든 살든 자기들만이 전투를 하고자 할 것이다. 그러나 우리 모두의 일이라고 생각한다면 병력이 많이 올수록 좋다. 많아야 전투에서 이길 수 있으니 말이다. 꼭 전투가 아니라 군에서 길을 닦는 사역만 해도 그렇다. 군에서는 병사들이 동원되어 사역을 나가는 일이 종종 있다. 농사를 돕든지 수해 복구를 도울 때도 병사들이 동원되곤 한다. 그때 지원 병력이 오면 모두 좋아한다. 그 사역은 내 일이 아니기 때문이다.

교회는 물건을 팔아 이익을 남기는 가게의 특성보다는 전투를 하는 군대의 특성이 더 강한 조직이다. 전투를 하든, 길을 닦든 우리가 하는 일은 모두 내 일이 아닌 하나님의 일이다. 우리가 하나님의 일을 하기 때문에 함께 일할 동역자가 온다는 소식은 기쁜 소식일 것이다. 그만큼 나의 수고와 탈진이 줄어들기 때문이다.

일본 동경에서 목회를 할 때였다. 당시 재일대한기독교회 동경교회에서 목회를 했는데, 창립 100주년을 맞아 요코하마에 교회를 개척하려는 계획을 세우고 있었다. 그런데 같은 지방회의 요코하마에 있는 교회가 요코하마 지역에 교회 개척을 하지 말아 달라고 요청을 해왔다. 그 교회는 요코하마에 세워진 지 80년이 된 교회였고, 주일 출석 인원이 70-80명 정도 되는 일본에서는 비교적 작지 않은 교회였다. 반대의 이유는 요코하마는 자기들이 오래전에 먼저 들어와 선교를 감당하고 있는 지역이기 때문에 다른 교회가 들어오면 안 된다는 논리였다.

그런 요청을 듣고는 조금 혼란스러웠다. 당시 요코하마의 인구수는 600만 명이었다. 물론 80명의 교인들이 600만 명의 사람들을 다 감당할 수도 있겠지만, '함께 일할 동역자가 오면 더 좋을 텐데'라는 생각이 들었다.

결국 우리는 선교를 어떤 기준으로 보느냐에 따라서 이해가 달라지는 것 같다. 선교를 내 일이라 생각하면 남이 들어와 함께 사역하는 것이 불편할 테고, 내 일이 아닌 하나님의 일이라 생각하면 동역자가 많이 오는 것을 기뻐할 수 있을 것이다. 덕소 교회들에서 우리 교회가 분립해 들어올 수 있도록 허락해 준 것은 그런 차원에서 이해되어야 한다. 단지 사람들의 마음이 좋다고 허락되는 문제가 아니기 때문이다. 교회와 선교가 모두 하나님의 일이라는 고백이 있기에 가능했던 것이다.

그러므로 우리도 같은 고백을 해야 한다. 그것은 덕소로 들어가 사역을 할 때 우리의 모든 사역이 내 교회, 나의 사역이 아닌 하나님의 일이라는 것, 그리고 그 사역은 함께 감당해야 좋다는 것, 하나님의 일을 함께 하는 우리는 모두 같은 편이라는 것, 우리는 이 사실을 늘 잊지 않아야 할 것이다.

경기도 덕소는 공기와 나무와 물이 좋은 것 같았는데, 막상 와 보니 사람도, 교회도, 학교도 다 좋다.

20. 안정, 기대, 그리고 만족
21. 분립은 자랑이 아니다
22. 새로운 문화를 꿈꾸며

Part 5

## 그래서 우리는 지금
무척 행복하다

## Chapter 20

# 안정,
# 기대,
# 그리고 만족

분립은 떠나는 것이다. 분립을 하면 한쪽 교인들은 길을 떠나야 했다. 그것도 서울 도봉구에서 경기도 덕소로 먼 길을 떠나야 했다. 길을 떠나는 것은 예나 지금이나 언제나 불안하다. 그곳에서 어떤 일들이 벌어질지, 또 가는 도중에 힘든 일이 생기지나 않을지, 새로운 곳에서 감당해야 하는 많은 일을 잘해 낼 수 있을지 등 모두 불안한 요소들뿐이다. 분립을 해서 덕소에 둥지를 튼다고 모든 일이 다 끝난 것은 아니었다. 노회의 복잡한 행정적인 절차가 남아 있었고, 학교와의 관계도 잘 풀어 나가야 했다. 모든 것이 불투명한 상황에서 교회는 분립을 했고, 한쪽 교인들은 길을 떠났다.

지금으로부터 4000년 전, 메소포타미아 북부 지역 하란이라는 곳에서 살던 한 노인이 하란을 떠나 팔레스타인의 가나안 지역으로 길을 떠났다. 한 사람이 자신이 살던 곳을 떠나는 것이 그렇게 주목받을 만한 일은 아니다. 그럼에도 불구하고 후에 유대인들과 그리스도인들이 이 사건이 전 인류의 운명이 결정된 엄청난 순간이라고 생각하는 데는 이유가 있다. 하나님이 그의 여정의 배후에 계셨고, 그를 통해 특별한 일을 계획하셨기 때문이다. 그 주인공은 바로 아브라함이다.

하나님의 계획에 대한 아브라함의 순종으로 한 민족이 생겨났고, 그 민족에 의해 인류를 향한 하나님의 은총과 구원과 심판의 계획이 드러났다. 아브라함과 이스라엘 백성은 길을 잃은 인류를 참된 길로 인도한 존재였다. 그래서 아브라함의 존재가 큰 의미를 가지는 것이다. 그러면 아브라함은 길을 잃은 인류에게 어떻게 길을 찾아 주었을까?

아브라함은 우리에게 두 가지 중요한 점을 보여 주었다. 첫째, '길을 찾기 위해 무엇을 해야 하는가?'이다. 그 답은 의외로 길 찾기를 포기하는 것이다. 갈 길을 알지 못하고 가는 것이다. 길을 잃은 사람이 길을 찾는 방법이 '길을 찾지 않는 것'이라니 너무 역설적이지 않은가? 그러나 성경은 그 방법이 맞다고 말한다.

"믿음으로 아브라함은 부르심을 받았을 때에 순종하여 장래의 유업으로 받을 땅에 나아갈새 갈 바를 알지 못하고 나아갔으며"(히 11:8).

다시 말해, 길은 하나님께 있으니 하나님을 믿고 하나님께 순종하라는 것이다. 이것은 매우 명백한 진리이지만 너무나도 명백하게 인간들에게 무시당하는 방법이기도 하다.

둘째, 불확실한 것을 얻기 위해서는 확실한 것을 포기해야 한다는 것이다. 하나님은 아브라함에게 가라고 하셨다. 그런데 생각해 보면 이보다 더 과격한 명령은 없다. 아브라함의 고향은 우르였고, 이미 우르에서 하란으로 1,500km 정도를 이주한 상태였다. 이미 지상의 방랑자였던 아브라함에게 그가 상당 기간 정착해 있던 유일한 땅인 하란에서, 그것도 75세 때 그 지역을 뒤로하고 다시 900km나 (처음에는 거리도 알지 못한 채 떠났지만) 되는 가나안 땅으로 떠나라고 하셨던 것이다. 아브라함의 삶에 있어서 유일한 확실성은 하란에서 이제 정착했다는 사실과 그가 이미 75세여서 움직이기 어렵다는 사실이었다. 반면, 가나안은 불확실한 땅이었다. 그런데 성경은 참으로 이상하기만 하다. 아브라함은 불확실한 것을 얻기 위해 확실한 많은 것을 포기했다.

이 원리를 처음으로 보여 준 인물이 아브라함이라면, 이 원리를 실천함으로써 증명해 준 사건은 이스라엘 백성의 출애굽 사건이다. 그들은 가나안 땅을 얻기 위해 갈 길을 알지 못한 채 길을 떠나 40년을 방황했고, 유일한 확실성이었던 애굽에 정착했다는 사실을 포기하고 불확실한 것을 찾아 나섰다. 그나마 안정적으로 먹고살았다는 사실 그 하나의 명확한 것을 버리고 불확실한 것을 찾아 떠났던 것이다. 그러나 하나님은 결국 그 원리에 순종한 이스라엘 백성을 축복해 하나님의 계획의 땅인 가나안으로 인도하셨다.

"이에 아브람이 여호와의 말씀을 따라갔고 롯도 그와 함께 갔으며 아브람이 하란을 떠날 때에 칠십오 세였더라 아브람이 그의 아내 사래와 조카 롯과 하란에서 모은 모든 소유와 얻은 사람들을 이끌고 가나안 땅으로 가려고 떠나서 마침내 가나안 땅에 들어갔더라"(창 12:4-5).

## 하나님의 방법대로 길을 찾고 있는가?

우리가 신앙생활을 하는 이유는 인생의 길을 찾기 위해서다. 물질의 풍요로움을 위함도 아니요, 육신이 건강하게 살기 위함도 아니요, 육체의 병이 낫기 위함도 아니다. 그 어떤 이유도 '인생의 길을 찾기 위해서'라는 대전제를 대신할 수는 없다. 그런데 그 길을 찾는 원리는 과거나 지금이나 변함없다. 길을 잃었는가? 사업을 하다가, 자녀를 키우다가, 배우자와의 관계에서 길을 송두리째 잃었는가? 여기 길을 찾는 원리가 있다. 길 찾기를 포기하는 것이고, 불확실한 것을 얻기 위해 확실한 것을 내려놓는 것이다. 그때 우리는 길을 발견하고, 마침내 큰 기쁨을 얻게 된다.

"그러므로 너희가 이제 여러 가지 시험으로 말미암아 잠깐 근심하게 되지 않을 수 없으나 오히려 크게 기뻐하는도다 너희 믿음의 확실함은 불로 연단하여도 없어질 금보다 더 귀하여 예수 그리스도께서 나타나실 때에 칭찬과 영광과 존귀를 얻게 할 것이니라"(벧전 1:6-7).

우리 교회는 교회 창립 10주년을 맞아, 그리고 종교개혁 500주년을 맞아 분립을 했다. 앞에서도 언급했듯이, 분립을 계획하고 준비할 때부터 교회는 교회대로, 목사는 목사대로, 교인들은 교인들대로 불안하고 걱정스러운 마음이 많았다. 그렇기 때문에 분립을 계획하면 교회가 교인들에게 반드시 주어야 하는 것이 있는데, 안정감과 기대감과 만족감이다. 불안한 요소들이 곳곳에 너무 많지만 교인들이 그 마음을 갖도록 이끌어 주어야 한다.

분립 일정, 준비 과정, 방법 등에 대한 견해 차이가 있었다. 우리가 들어가게 될 덕소고등학교와의 행정 절차상의 문제, 주변 교회의 반대도 있었다. 이처럼 불안한 요인이 많은 상황에서 과연 교인들에게 안정감, 기대감, 만족감을 줄 수 있을까? 나는 줄 수 있다고 생각했다. 아니, 주어야 한다고 생각했다. 끝까지 시험이 찾아와 괴롭혔다. 그것은 외적인 문제들이라기보다는 내면의 문제였다. '과연 우리는 하나님을 의지하는가? 하나님의 방법대로 길을 찾고 있는가?' 하는 의문이었다.

우리의 실험은 하나님이 원하시는 신앙의 실천이었다. 신앙생활은 언제나 그렇다. 늘 불안하다. 그러나 분명히 알아야 할 것이 있다. 이는 가끔 있는 일이 아니라 매우 중요한 원리라는 것이다. 길을 찾기 위해 길을 찾지 않는 것은 하나님의 인도하심을 의지하고 인간의 상식을 내려놓는 것을 말한다. 그리고 불확실한 것을 얻기 위해 확실한 것을 포기하는 것은 우리는 성장하고 있고, 안정적이고, 잘 정착하고 있지만 하나님을 신뢰하고 끝까지 의지할 때 하나님이 우리에게 더 큰 기쁨을 주신다는 믿음의 표현이다. 그때 안정감 있게 분립을 할 수 있고, 하나님의 인도하심을 기대하며 분립을 할 수 있으며, 머지않아 하나님의 인도하심으로 인해 큰 기쁨을 얻게 될 것이다.

2018년 1월, 교회는 오랜 준비와 덕소고등학교의 도움, 그리고 덕소 지역 교회들의 배려로 분립이 잘 이루어졌고, 교인들은 행복해한다. 나도 행복하다. 이전에 비해 교인 수는 3분의 1로 줄어들었지만, 행복지수는 3배나 늘어난 것 같다.

우선 교인들 중 봉사에 참여하는 비율이 매우 높아졌고, 교인들 간의 교제가 친밀해졌다. 목사는 목사대로 교회 외적인 일보다는 교인들에게 집중할 수 있어 좋고, 무엇보다 시간에 쫓기듯 목회를 하지 않아 행복하다. 산이 보이기 시작했고, 나무가 보이면서 교인들이 더 자세히 보였다. 그동안에도 목회를 소홀히 한 것은 아니었지만, 덕소에 와 보니 그간 목회의 방향이 조금 달랐음을 알게 되었다. 이제는 교인들에게 조금 더 집중하면서 교인들과 함께 교회를 세워 나갈 것이다.

## Chapter 21

# 분립은
# 자랑이
# 아니다

　분립을 하고 나니 우리 교회를 향한 칭찬이 적지 않았다. 시기가 시기인 만큼 주로 세습으로 물의를 일으켰던 한 대형 교회와 대조하면서 주어진 칭찬들이 대부분이었다. 우리 교회가 3년 전에 교회의 분립을 계획했을 때는 전혀 세습교회를 의식하지 않았다. 그러나 담임목사직의 세습이라는 최근의 뜨거운 상황 때문에 우리 교회의 분립이 더 칭찬을 받은 것 같다.

　또한 세습은 아니더라도 분립 그 자체로도 칭찬을 많이 해주셨다. 대부분 교회를 크게 하려고만 하는데 큰 교회를 작게 나누었다며, 설령 교회를 나눈다 해도 새로 개척을 해서 교인들과 함께 부목사님을 내보내는 것이 상식인데 담임목사가 직접 나가 분립 개척을 했다며 칭찬을 하셨다. 좋게 봐 주시는 분들이 대부분이다.

그러나 우리가 교회의 분립을 절대 자랑할 수 없는 이유는 교회가 분립을 하고 담임목사가 분립하는 교회로 나가는 것이 높은뜻정의교회가 처음이 아니기 때문이다. 이미 1987년에 부천에서 목회하시던 박창하 목사님이 복된교회에서 참된교회로, 1991년에는 반포에서 목회하시던 홍정길 목사님이 남서울교회에서 남서울은혜교회로, 1998년에는 강남에서 목회하시던 박은조 목사님이 서울영동교회에서 분당샘물교회로, 2000년에는 잠실에서 목회하시던 정주채 목사님이 잠실중앙교회에서 용인향상교회로 분립해 나가셨다. 그리고 2009년에 김동호 목사님은 높은뜻숭의교회를 4개 교회로 분립한 후 목회를 내려놓으셨다. 그 외 국내외 다수 목사님들이 분립을 하고 분립된 교회로 나가셨다. 그 수가 적지 않아 일일이 쓰기가 어려울 정도다.

우리가 교회의 분립을 자랑해서는 안 되는 이유는 우리는 그저 이 대열에 동참한 것뿐이기 때문이다. 어떤 일이 좋다고 생각되면 동의를 하게 되고, 동의는 동참을 유발하고, 동참하는 사람이 많아지면 유행이 되고, 유행에 참여하는 자들이 많아지면 시대의 문화가 되고, 문화가 세대를 넘어가면 전통이 된다.

우리 시대 한국 교회에는 큰 물줄기의 문화가 생겨났다. 그것은 교회 세습이다. 세습이 이제 하나의 문화로 자리 잡아 가는 형국이다. 「뉴스앤조이」의 통계에 의하면, 2017년 현재 한국에서 담임목사를 세습한 교회는 350개라고 한다. 이 정도면 가히 문화라 말할 수 있을 정도다.

우리 시대의 교회는 우리도 모르는 사이에 어느덧 담임목사직이 세습되는 문화를 갖게 되었다. 그래서 더욱 마음이 아프다.

그러나 한 가지 소망을 두는 것은, 교회 세습의 문화보다 교회 분립의 문화가 상대적으로 매우 미약해 보이기는 하지만 교회의 분립에 동의하고 동참하는 교회가 계속 많아진다면 교회의 분립이 한국 교회의 또 다른 좋은 문화가 될 것이고, 나아가 좋은 전통이 될 것이라는 점이다. 그렇기에 교회의 분립은 하나님의 교회를 다시 회복하려는 큰 물줄기에 동참하는 것일 뿐 절대 칭찬받아서도, 자랑해서도 안 될 일이다. 나는 하나님이 교회를 분립한 이 길을 축복해 주시기를 바라면서, 교회 분립에 보다 많은 교회가 참여하면 좋겠다고 생각한다. 이 길이 문화를 넘어 한국 교회의 전통이 되기를 소망한다.

Chapter 22

## 새로운 문화를 꿈꾸며

앞에서도 밝혔듯이, 어머니는 화초 키우는 일을 좋아하셨다. 16명이라는 대가족의 살림을 하느라 취미생활도 없으셨던 어머니는 가끔 아버지에게 선물로 들어온 화초를 가꾸시는 것이 유일한 낙이었다. 직접 화초를 구입하시는 모습은 한 번도 보지 못했는데 우리 집은 언제나 화초로 가득했다. 특히 어머니는 군자란과 관음죽을 많이 키워 주변 분들에게 선물하셨다. 그래서인지 이파리에 기름기가 좔좔 흐르는 군자란과 관음죽을 볼 때면 어머니가 많이 생각난다.

어머니가 화분을 늘리시는 모습을 가만히 보면 특별한 기술이 있었던 것이 아니었다. 그저 가장 좋은 상태의 화초에서 가장 좋은 부분을 떼어 새 화분에 심고, 적당한 때에 분갈이를 잘해 주신 것이 전부였다. 그런데 우리 집 화초는 나날이 늘어만 갔다. 어머니는 그렇게 화초를 늘리셨다.

서울시 도봉구 쌍문동에 있었던 높은뜻정의교회가 분립해 두 교회가 되었다. 높은뜻정의교회와 높은뜻덕소교회다. 우리 교회로서는 나름 종교개혁 500주년 기념 사업으로, 그리고 높은뜻정의교회 창립 10주년 기념 사업으로 지난 3년간 계획해 온 분립을 실천에 옮긴 것이다.

높은뜻정의교회는 정의여자고등학교 강당에서 예배드린 지 9년이 되었지만, 사실 분립 직전이 제일 좋은 때였다. 출석 교인 3,000명에다가 예배 시간에는 하나님을 만나는 감동이 있었고, 교회 부서마다 늘 흥이 일었다. 우리 교회 어느 집사님은 우리 교회를 서울의 강북에서 가장 '핫한'(?) 교회라고 표현하셨는데, 나는 그 표현이 참 좋았다. 세상적인 기준으로 보면 우리 교회는 성장하는 교회가 분명했고, 좋은 교회를 만들려고 하는 교회 내부적 열정이 가득한 교회임이 분명했다. 교회가 참 좋을 때여서 많은 교우가 말했다. 이렇게 좋은데 왜 분립을 하느냐고.

그러나 교회가 가장 좋을 때, 가장 잘나갈 때 우리는 분립을 선택했다. 인간적으로, 세상적으로 보면 바보스러운 결정 같지만 우리가 교회를 지금 분립한 이유는 역설적으로 지금 교회가 가장 좋기 때문이었다. 우리는 사람의 눈으로, 세상의 눈으로 교회를 보려 하지 않았다. 화초 하나를 둘로 나누려 해도 가장 좋은 부분을 잘라 심어야 하듯이, 그래야 새 화초가 건강하게 잘 뿌리를 내리듯이, 또 하나의 교회를 세우려면 그 교회가 가장 좋을 때, 가장 좋은 부분을 잘라 심어야 한다고 생각했다. 그래야 거기에서 또 좋은 교회가 생겨나 바르게 성장할 수 있기 때문이라고 믿었다.

나는 하나님이 우리에게 그 복을 주실 것을 확신한다. 교회의 분립에 있어서 하나님이 우리에게 주실 복은 하나다. 그것은 높은뜻정의교회든, 높은뜻덕소교회든 많은 사람이 교회에 와서 구원을 얻고 영혼의 참 쉼을 얻는 것이다. 이제 높은뜻정의교회는 가장 좋은 부분을 꺾어다가 새 땅에 심는 일을 했다.

"주 여호와께서 이같이 말씀하시되 내가 백향목 꼭대기에서 높은 가지를 꺾어다가 심으리라 내가 그 높은 새 가지 끝에서 연한 가지를 꺾어 높고 우뚝 솟은 산에 심되 이스라엘 높은 산에 심으리니 그 가지가 무성하고 열매를 맺어서 아름다운 백향목이 될 것이요 각종 새가 그 아래에 깃들이며 그 가지 그늘에 살리라"(겔 17:22-23).

1980년대, 당시에는 생소했던 찬양과 경배가 어느덧 한국 교회 예배에 새로운 문화가 되었듯이, 교인이 늘고 교회가 외형적으로 성장하면 제일 먼저 예배당을 크게 짓던 것이 교회의 당연한 문화였듯이, 이제는 교회가 외형적으로 성장하면 교회를 분립하는 것이 새로운 문화로 정착될 수 있을까? 교회의 건강한 분립이 하나의 문화를 넘어 전통까지 될 수 있을까? 현재로서는 교회 세습의 문화보다 교회 분립의 문화가 상대적으로 약해 보이지만 교회의 건강한 분립을 좋게 생각하고, 이 일에 동의하고 동참하는 교회가 하나둘씩 계속 나타나고 또 많아진다면 교회의 발전적 분립이 한국 교회의 좋은 문화가 될 것이고, 나아가 좋은 전통이 될 것이라고 생각한다.

오랜 기간은 아니지만 20년이 넘게 담임목회를 해보니, 앞서 '80대 20 법칙'에 대해 설명한 것처럼 대체로 모든 교회는 하나님의 일에 적극 참여자가 20%, 방관자가 80% 정도 되는 것 같다. 모든 교인이 하나님의 일에 동참하지는 않는다. 그것은 높은뜻정의교회도 마찬가지였다. 그러나 더 심각한 문제는 교회가 대형화되면서 그 비율이 점점 더 벌어진다는 것이고, 역설적이게도 교회가 커질수록 익명의 교인들이 많이 양산된다는 데 있다. 우리가 굳이 교회를 분립한 이유는 이 고민에서부터 출발했다.

우리가 분립을 결정한 이유는 방관자만을 양성하는 또 하나의 교회로 있지 않기 위함이었다. 다는 그렇지 않지만 대체로 교회가 외형적으로 커지면 대부분의 교인들은 하나님의 일에 소극적이거나 방관자의 태도를 취하기 쉽고, 또 이처럼 교회의 일에 소극적인 사람들조차 때로는 자신이 몸담고 있는 교회의 크기나 유명세에 비례해 자신들의 믿음이 크다고 여기는 오류가 생겨난다. 이런 문제들에는 높은뜻정의교회 교인들도 결코 자유롭지 못했다.

한국 교회의 걱정 중 하나는 교회가 커지면서 복음을 상실해 가는 현상이 많이 나타난다는 것이다. 그래서 교인 수가 늘어 교회 건물이 교인들을 감당하지 못할 즈음이 되면 교회는 그 발전 방향을 심각하게 고민해야 한다. 양적인 성장에 취해서 우물쭈물하는 사이 복음이 이미 상실

되기 십상이기 때문이다.

교회를 분립하니 첫 주일부터 두 교회는 상대적으로 왜소해진 부분을 많이 느꼈다. 3,000명의 교인이 분립을 해 높은뜻정의교회는 2,200명이, 높은뜻덕소교회는 800명이 예배를 드렸다. 어떤 면에서는 높은뜻정의교회는 북적이던 모습이 조금은 한산해져 당혹감마저 있었고, 높은뜻덕소교회는 모든 것이 틀이 잡히지 않아 불안한 마음이 있었다. 특히 새롭고 낯선 먼 곳으로의 이동과 여러 가지 불편함은 교인들 가운데 큰 불만이 될 수도 있었다.

그러나 이 모든 것이 우리 교인들에게는 기쁨이 되었다. 우리가 언제 복음을 위해 고난을 받아 봤는가? 그러나 이것도 복음을 위해, 주님을 위해 받는 고난이라 한다면 큰 기쁨이 될 것이다. 교회의 분립으로 인해 겪는 어려움들을 복음을 위해 당하는 고난이라고 말한다면, 정말 선교지 오지에서 생명을 걸고 복음을 위해 희생하시는 분들에게 너무도 죄송한 일이지만, 그래도 교인들은 교회를 세우기 위한 고난이라 여기고 함께 동참해 주었다. 교회의 분립을 복음을 위한 희생으로 생각하고 감수해 주었다. 분립에 참여하고 동참한 모든 교인이 하나님의 일에 방관자가 아닌 참여하는 자가 된 것이다. 그리고 두 교회에서 또다시 새롭게 하나님의 일에 동참하려는 교인들이 더 많이 나타날 것을 우리는 기대한다.

하나님이 머지않아 두 교회를 축복해 좋은 열매를 맺게 해주실 것을 기대한다. 외형적 성장을 기대하는 것이 아니다. 외형적 성장이 없어도 우리는 이미 전 교인이 하나님의 일에 방관자가 아닌, 스스로 기쁘게 동참하고 있기에 성장했음을 믿는다.

교회의 분립은 한국 교회를 다시 건강하게 회복하려는 움직임이라는 물줄기에서 봐야 할 것이고, 교회다움을 회복하려는 하나의 좋은 방법이 될 수 있음을 인식하는 것이 중요하다고 본다. 하나님이 이 길을 축복해 주시기를 바라면서, 이 길이 교회의 좋은 전통이 되기를 간절히 바란다.

나는 지금도 한국 교회의 새로운 도약과 부흥을 꿈꾼다.

1. Q&A_ 교회 분립에 관해 묻고 답하다
2. 교회 분립 타임 테이블
3. 만화로 보는 높은뜻정의교회 분립 Q&A
4. 분립을 위한 공동 기도문

# 부록

부록 1
# Q&A 교회 분립에 관해 묻고, 답하다

**Q1** 교회 분립의 당위성과 목회적 성찰, 그리고 한국 교회를 향한 애정 어린 조언 등 이 책의 많은 부분에 동의합니다. 그런데 교회 분립이라는 것이 최소한 중형 교회 정도는 되어야만 거론할 수 있는 것 아닌가 하는 생각이 듭니다. 한국 교회 대부분이 개척교회나 소형교회 등 작은 교회인 상황에서 교회 분립은 중대형 교회의 몫으로만 남겨 두어야 하는지요? 중소형 교회는 이 부분에서 어떤 관점을 가져야 할까요?

저는 이 책에서 교회의 분립을 말할 때 모든 교회가 분립을 꼭 해야 한다는 것을 말하려는 의도가 아닙니다. 제가 가장 이야기하고 싶은 것은 목사와 교인 간에 행복한 신앙생활을 함에 있어서 그 외형적 범위입니다. 이것은 목회자의 개인적 역량에 따라서 다를 수 있겠지만, 중요한 것은 목회 현장에서 목회다운 목회를 해야 한다고 보는 것입니다. 조직과 관리보다는 한 사람, 한 사람에 대한 애정이 더욱 소중함을 목회 현장에서 느껴야 한다고 봅니다. 그것을 실현하는 것이 진정한 목회인 것이지요. 그런 관점에서 그동안 외형적인 규모를 키우는 것이 목회를 잘

하는 것이라는 기준과, 교회가 커지는 것이 곧 좋은 교회라는 잘못된 인식이 바뀌기를 바라는 것입니다. 그래서 중대형 교회는 목회에 대해 더욱더 많은 고민을 해야겠지만 작은 교회도 교회를 지향해 나가는 데 바른 목표를 가질 필요가 있다고 봅니다.

예전에는 교회 성장 세미나가 많았습니다. 어느 세미나에 오신 강사 목사님이 강의하시는 내용을 들은 적이 있습니다. 교인 수가 100명일 때 교회는 어떤 일을 해야 하며, 300명이 되면 어떤 준비를 해야 하고, 500명일 때, 1,000명일 때, 2,000명일 때 각각 교회가 해야 할 일을 구체적으로 알려 주는 내용이었습니다. 그래야 교회가 계속 성장해 나갈 수 있다는 내용이 골자였습니다.

어떤 규모의 교회든 목회적 목표와 욕심을 가져야 하지만, 그러나 제 생각은 그것이 외형적인 성장을 추구해 나가는 것이 되어서는 안 된다고 봅니다. 왜냐하면 그것은 교회가 커지는 것이지 진정한 성장은 아니라고 생각하기 때문입니다. 대형 교회이든지 중소형 교회이든지 그런 목회적 관점을 갖자는 것입니다. '교회 성장'에 대한 기준이 다시 회복된다면 중대형 교회의 분립은 자연스런 현상이 될 것이고, 소형교회의 목회적 목표도 커지는 것이 아니라 사람에게 집중될 것이라고 여겨집니다.

Q2 1번 질문에 이어서, 만약 교회 분립을 계획하고 있는 교회가 500-1,000명 크기의 중소형 교회라면, 혹은 그보다 조금 더 작은 규모라면 추가적으로 어떤 조언을 해줄 수 있으신지요?

같은 맥락이라고 봅니다. 목회의 패러다임이 바뀌는 것이 무엇보다 중요합니다. 모든 교회가 다 작아질 필요는 없습니다. 또 500명이 되면 분립을 계획하라든지, 1,000명이 되면 분립을 꼭 해야 한다든지 하는 제안이 아닙니다. 높은뜻덕소교회도 700명으로 시작해 8개월 만에 벌써 1,100명이 되었습니다. 교인이 많아져서 또 개척교회를 준비하고 있습니다. 그러나 분립이나 개척이 중요한 것이 아니라 '교인들과 어떻게 신앙생활을 해나갈 것인가?' 하는 문제가 더 중요하다고 봅니다. 목사는 '교인들에게 어떤 목사가 될 것인가?' 하는 문제를 고민해야 하고, 교인들은 '서로 어떤 교제를 나누어야 하는가?' 하는 문제를 고민해야 합니다.

만약 교인 수가 500-1,000명 정도의 교회인 경우 교인들이 교회의 분립을 원하지 않는다면 하지 않는 것이 좋습니다. 다만 공동체 안에서라도 목회자들이 목회적 역량을 나누어 감당할 수 있으면 좋다고 봅니다. 그것은 지금까지 담임목사 중심의 목회와 조력자 역할만 하는 부목사의 구조로는 해결되지 않는다고 생각합니다. 자신의 역량만큼 목회적 범위를 나누는 것이 중요하고, 그런 구조(조직)를 갖는 것이 좋다고 제안합니다. 그런 구조를 독립된 교회 단위로 나누는 것이 분립이 되는 것이겠지요. 한 사람의 목회적 역량(목회자 한 사람이 교인과 그 가정을 돌볼 수 있는 한계)의 범위를 솔직히 인정하는 목회적 정직함이 필요할 것 같습니다. 특별히 이 목회적 정직함의 문제는 중대형 교회의 목사들에게서 먼저 나타나면 좋겠습니다.

**Q3** 교회 분립은 목회의 본질인 목양을 위한 교회 몸집 줄이기라고 하셨습니다. 이를 위해 수많은 목회적 고민이 있었음을 책을 통해 살펴보았습니다. 처음 교회 분립을 꿈꾸었을 때부터 높은뜻덕소교회를 분립하기까지 일련의 과정을 지나면서 가졌던 목회적 고민과 생각의 흐름, 변화 등이 궁금합니다. 단계별 로드맵을 제시해 주시면 큰 도움이 될 것 같습니다.

처음 높은뜻정의교회에서 목회를 시작했을 때 저는 목사는 설교에 모든 역량을 쏟아야 한다고 생각했습니다. 그래서 처음 안식년을 갖기 이전인 1기 사역 기간 동안에는(2009-2014년) 무엇보다 설교에 중점을 두었습니다. 설교의 품질이 교회를 부흥시킨다는 생각이 제 마음에 가득했기 때문입니다. 그리고 그것이 목회적 정론이라고 생각했습니다. 그 기간 동안 정말 설교 한 편을 위해 최선을 다했던 것 같습니다. 해마다 설교집이 한 권씩 출판되고, 교인들도 해마다 증가해 늘 좁은 공간을 고민해야 했을 정도입니다.

그러나 안식년을 가지면서 많은 생각을 하게 되었습니다. 아마도 그것은 안식년의 생각이 아닌, 그간 바쁘게 살아오면서 가졌던 부분적인 고민들의 정리였겠지요. 안식년 기간에 가장 많이 생각했던 부분은 목회 그 자체였습니다. '어떻게 목회를 해나갈 것인가?'보다 '목회란 무엇인가?'라는 근본적인 고민이 먼저였습니다. 목회가 무엇인지가 해결되어야 그 방법론이 나오기 때문이었습니다. 목회란 '교인이 필요로 할 때 목회자가 곁에 있어 주는 신뢰 관계를 기초로 해서 함께 그리스도인으로의 성숙을 도모해 나가는 것'이라는 결론에 이르렀을 때 저는 제 목회가 많이 빗나가고 있음을 알게 되었습니다. 목회를 잘한다는 칭찬을 종종 들었으나 하나님 앞에서 저는 좋은 목사가 아님을 알게 되었습니다.

저는 '하나님과의 동업'이라는 목회를 하나님께 칭찬받으면서 하고 싶었습니다. 그러기 위해 목회를 잘할 수 있는 방법을 생각했습니다. 그리고 그런 고민의 결과로 높은뜻정의교회의 분립을 생각하게 된 것입니다. 여기에는 높은뜻정의교회만의 특성을 고려한 부분이 많습니다. 학교를 빌려 예배를 드린다는 것과, 많은 교인 때문에 주변 주민들에게 적잖은 피해를 준다는 것, 학교의 시설이 많이 비좁다는 것 등을 다 고려한 것입니다. 그래서 분립을 구체적으로 구상하게 된 것이고, 교인들을 하나씩 설득해 나가며 준비했습니다.

많은 분이 교인들을 설득해 나가는 일이 어렵지 않았냐고 하시는데,

제가 하나님께로부터 설득당한 그대로 교인들을 설득했습니다. 저같이 완고한 사람이 하나님 앞에서 쉽게 설득당해서인지 교인들은 비교적 어렵지 않게 분립에 동의해 주셨습니다.

**Q4** 영적 돌봄과 조직의 관리 사이에서 무게 중심이 이동할 때가 교회 분립 시점이라고 하셨습니다. 교회 지도자로서 무게 중심이 이동하고 있음을 자각할 수 있는 지표가 있다면 무엇인지요? 또한 그때 교회 분립을 선택하기에 앞서서 취할 수 있는 방법이 있다면 무엇인지 목회 선배로서 조언을 부탁드립니다.

앞서 언급했던, 어느 유명 안과 병원(당시는 무명 병원이었음) 개업 예배 후 병원 원장님이 하신 말씀을 다시 한 번 이야기하고 싶습니다. 안과 병원이 비싼 라식, 라섹 의료 기기를 리스로 들여오는 순간, 그때부터는 사업가가 된다는 것이었습니다. 의료기 값이 너무 비싸 장기 리스로 갚아 나가기 위해서는 환자를 더 많이 유치해야 하고, 결국 환자가 돈으로 보인다는 것이었습니다. 그렇게 변하지 않도록 기도해 달라는 말씀이었습니다.

그러고 보면 목사도 마찬가지입니다. <u>목양을 하는 목회자가 되는지, 교회를 관리하는 관리자가 되는지는 한 끗 차이라고 생각합니다.</u> 교인이 <u>천하보다 귀한 한 생명으로 보이지 않고 교회를 관리하거나 유지하는 데 필요한 도구로 보이기 시작할 때</u>, 교인에 대한 생각보다 예산에 대한 걱정이 더 많이 들 때, 자꾸 다른 교회와 교인 수로 자신의 교회를 비교하기 시작할 때, '심방은 부목사님들의 몫이고 나는 설교만 잘하면 된다'는 생각이 들 때, 담임목사는 회의를 잘 인도하는 것이 본래의 일이라 생각해 제직회나 당회를 더 꼼꼼히 준비할 때. 이런 생각이 많이 든다면 무게 중심이 관리 쪽으로 향하고 있는 것임을 알 수 있어야 합니다.

이는 교회의 외형적 크기와 꼭 비례하는 것은 아니라고 봅니다. 그런 현상이 두드러진다면 우선은 교회의 분립에 대한 계획보다는 내가 돌볼 수 있는 교인들의 범위를 잡는 것이 선행되어야 합니다. 그래서 교인과 목회자의 관계가 돌봄이 될 수 있는 구조로 바꾸어 나가는 것이 필요하다고 봅니다.

**Q5** 교회 분립이라는 대주제 외에 눈에 띄는 것은 교인들을 설득하고, 의견을 하나로 모으고, 동기를 부여하고, 난관을 헤쳐 나가 결국 목표한 바를 이루어 낸 과정 하나하나라고 봅니다. 이 책을 읽는 내내 20년간 영글어 온 저자의 소중한 목회 노하우를 얻을 수 있었습니다. 한마디로 '소통의 힘'이라고 봅니다. 교인들과의 소통의 과정과 그 열매에 대해 꼭 해주고 싶은 말씀이 있다면 듣고 싶습니다.

최근 우리 사회의 화두는 '소통'입니다. 이는 이 시대에 사람들이 가장 필요로 하는 것 또한 소통이라는 말입니다. SNS(Social Network Service) 관계망이 생겨나고 급속도로 발전한 이유도 소통의 부재를 극복하려는 의지 때문이라고 봅니다. 교인들과 함께 분립의 일을 해나가는 데 있어서 가장 중요한 것 또한 소통이었습니다.

그런데 여기에서 중요한 것은 담임목사의 생각을 교인들과의 소통을 통해 설득시키고 이룬 것이 아니라는 점입니다. 만약 제 개인적인 생각을 이루는 것이었다면 교인들은 동의해 주지 않았을 것입니다. <u>우리가 이 일을 성공적으로 할 수 있었던 가장 큰 이유는 하나님이 기뻐하시는 일이라는 것을 모두 느꼈기 때문입니다.</u> 하나님이 기뻐하시는 일이라면 집도 팔려고 하는 것이 교인들의 마음입니다. 하나님의 일을 위해서라면 어떤 어려움도 극복하고 해내려는 것이 교인들의 마음이라는 것이지요.

저는 교회가 분립을 하지 않는 것이 편한 사람입니다. 많은 교인이 있는 교회에서 목회하는 것이 더 좋은 사람입니다. 사택도 넓고, 자동차도 좋고, 월급도 많이 받고, 하고 싶은 일을 할 수 있는 힘도 컸습니다. 그러나 제가 생각해도 하나님이 좋아하시는 교회는 다른 모습이었습니다. 제 생각과는 다른 교회를 보여 주신 것입니다. 저는 그 뜻에 순종한 것이고, 제가 느꼈던 교회에 대한 하나님의 계획을 교인들과 나누기 시작한 것이지요. 제가 한 일이란 그것을 소개한 것뿐입니다. 제가 느끼는 하나님의 마음을 전달한 것뿐입니다. 그런데 교인들이 대부분 좋아하셨습니다.

목사가 뜻을 전하고, 교인들이 대부분 좋아한다면 그것은 하나님의 마음에 가깝다고 생각합니다. 교회가 작아지면 목사가 누리는 혜택도 따라서 작아지고, 교인들도 분립에 대한 상실감이나 아픔을 분명 겪게 되어 있습니다. 그러나 그것이 하나님을 기쁘시게 하는 일이라면 모두 기쁘게 그 일을 감당할 수 있는 것이지요. 교인들은 손해를 봐도 옳다고 생각하면 좋아합니다. 문제는 목회자들이 손해를 보려 하지 않는 것입니다. 그러니 중요한 것은 교인들과의 소통이고, 목회자의 희생입니다. 이것이 전제가 된다면 하나님의 선한 일은 쉽게 이루어질 수 있습니다.

그렇기에 굳이 '소통의 힘'이 무엇이냐고 물으신다면 그것은 목회자가 더 많이 희생하고 기득권을 내려놓는 것이라고 말씀드릴 수 있습니다. 그것이 교인과의 소통의 원천적인 힘이 되었습니다. 목회자가 자기의 이익을 움켜쥐고 있으면 그 어떤 소통도 되지 않기 때문입니다.

**Q6** 교인들이 교회 분립이라는 하나님의 뜻을 향해 하나 되게 할 때 하나님의 말씀 선포, 즉 설교라는 매개체가 매우 중요했으리라 생각합니다. 3년이라는 교회 분립 준비 과정에서 메시지 주제가 어떻게 흘러 왔는지가 궁금합니다. 또한 하나님이 설교를 통해 어떻게 역사하셨는지 알고 싶습니다.

교인과의 소통은 회의를 통한 방법과 설교를 통한 방법, 두 가지가 있습니다. 아무래도 회의는 전 교인과 할 수 있는 것은 아닙니다. 회의를 통해서는 당회나 교회분립준비위원회, 제직회 등 교인들 중 분립에 대한 책임을 맡은 대표성이 부여된 교인들과 활발히 소통했습니다.

문제는 일반 교인들입니다. 전 교인과는 설교를 통한 방법뿐인데, 설교를 소통의 도구로 삼는 것은 용납이 되지 않는 것 같습니다. 그래서 설교는 하나님이 교회에 갖고 계시는 마음과 교회를 통해 무엇을 바라고 계시는지를 집중적으로 나누었습니다. 쉽게 말해 '교회론'을 주로 설교한 것입니다.

의외로 교인들은 하나님 나라의 도구로서의 교회에 대해 잘 모르는 것 같습니다. 하나님이 하나님 나라를 이 땅에 실현하시고자 교회와 교인들을 사용하시는데, 그 교회의 역할에 대한 이해가 분립에 있어서 가장 중요하다고 생각했고, 그 설교의 계획이 많은 도움이 된 것 같습니다. 원리를 알게 되니 방법은 자연적으로 나오게 된 것이라고 볼 수 있습니다.

한 가지 팁을 드린다면, 교회의 분립이라는 큰일을 추진해 나갈 때는 교인들에게 자세한 내용까지 그 진행 상황을 정직하게 알려 드리는 것이 중요합니다.

왜냐하면 교인들은 교회가 나뉘는 것에 대해 적잖이 불안해하기 때문입니다. 그래서 설교 시간이 아닌 광고 시간에 분립의 과정에 대해 비교적 자세하게 알려 드리려고 노력했습니다. 진행이 매끄럽게 이루어지지 않는 부분, 추진했다가 실패했던 부분, 대표자들의 회의에서 의견이 갈리는 문제까지도 교인들에게 알려 드리려고 애썼습니다. 그런 일련의 노력이 교인들의 신뢰를 얻을 수 있었던 주요한 요인이 되었던 것 같습니다.

Q7 높은뜻덕소교회의 교회 분립 이후 현재 두 개 교회의 모습이 궁금합니다. 예상하지 못했던 문제나 남아 있는 해결 과제들이 있다면 무엇입니까?

높은뜻정의교회의 3,000명 교인 중에 700명의 교인들이 덕소로 분립해 나왔습니다. 놀라우리만치 분립을 계획한 의도대로 교인 수가 나뉘었습니다. 반반으로 나누려 하지 않은 것은 (인위적으로 그렇게 할 수 있는 것도 아니지만) 정의여자고등학교를 돕고 있는 높은뜻정의교회로서는 어느 정도 학교를 위해 기도하고 지원할 수 있는 교인 수가 유지되기를 바랐고, 또 경기도 덕소 지역까지는 너무 멀어 많은 교인이 갈 수 없었기 때문입니다.

현재 두 교회는 형제 교회로 서로 도우면서, 때로는 선의의 경쟁을 하면서 각자 교회를 잘 세워 나가고 있습니다. 무엇보다 제일 좋은 것은 두 교회의 일꾼들이 새로 많이 세워져 방관자에서 봉사자로 적극적인 활동을 하게 된 분들이 많아졌다는 것입니다. 제가 책의 내용 중에서도 밝혔듯이, '80 대 20 법칙'이 어느 정도 맞는 것 같습니다. 높은뜻정의교회도, 높은뜻덕소교회도 하나님의 일에 적극적으로 동참하는 분들이 많아졌다는 것에 큰 보람을 느낍니다. 그저 예배에만 참석하는 방관자가 아니라 하나님과 성도들과 더 깊이 교제하고 하나님의 일을 서로 의견을 나누며 감당하는 모습이 참 보기 좋습니다.

높은뜻덕소교회는 그간 9개월 동안 교인이 늘어 이제 또 교회를 개척하기로 계획하고 있습니다. 이번에는 교회를 둘로 나누는 분립 형태는 아니고, 부목사님 한 분이 교인들과 함께 교회를 세워 나가는 개척입니다. 교회를 분립한 지 1년 만에 또 개척을 할 수 있게 되어 하나님께 감사드립니다. 앞으로 이 일도 꾸준히 해나갈 수 있다면 더없이 좋을 것 같습니다.

분립을 두 번째 해서 그런지 어느 정도 많은 일을 준비해서 예상하지 못했던 문제들은 아직 크게 없는 것 같은데, 남아 있는 문제라면 현재 예배 장소를 제공받고 있는 덕소고등학교와의 협력 관계입니다. 최근에는 많은 교회가 학교의 강당을 빌려 예배를 드리고 있습니다. 그런데 다는 아니지만 임대료를 내고 학교의 공간을 빌려 쓰는 형태의 사무적 관계도 많습니다. 그래서 높은뜻덕소교회와 덕소고등학교와의 좋은 선교적 모델(청소년 선교, 학원 선교)을 만들고 싶은 욕심이 있습니다. 하나하나 조심스럽게 시작해 나가고 있는데, 여러 시행착오를 거쳐 좋은 모델이 만들어지면 좋겠습니다.

높은뜻숭의교회부터 시작하면 학교와 협력해 교회가 세워진 지 벌써 18년째인데 그간 실패했던 점, 좋았던 점들을 경험 삼아 좋은 학원 선교의 모델을 만들 수 있을 것입니다. 덕소고등학교와는 그것을 완성시키는 단계가 되기를 바라는 마음입니다.

**Q8** 한국 교회의 목회자로서 솔직한 고백에 감사합니다. 그중에서 특히 교인 수를 배가시킨 것으로 목회자를 평가하지 않는 교회 문화를 만들어, 목회 성공의 기준을

바꾸고 싶다는 말씀이 인상 깊습니다. 앞으로 한국 교회를 이끌어 갈 젊은 세대 교회 사역자들과 지도자들에게 도전이 되는 말씀을 부탁드립니다.

현재 한국 교회의 목회 현장은 사회의 기업 구조와 비슷한 점이 너무 많습니다. 인재의 양성, 인재의 선발, 인재의 등용, 성과, 실적, 성장, 보상 등 일반인들이 사회의 각 분야에서 노력하고 분발해 그 분야에서 성공하려는 프레임이 교회에 그대로 적용되는 것을 어렵지 않게 볼 수 있습니다. 그러나 교회는 일반 사회 조직과는 다른 공동체입니다. 그리스도를 따르는 공동체이고, 십자가의 길로 가고자 하는 공동체이기 때문에 사회적 기준을 가지는 것은 교회다움을 잃는 것이라고 봅니다. 그렇기에 이런 잘못된 기준을 바꾸기 위해서는 먼저 사역자들의 마음이 바뀌어야겠지만 교인들 또한 새롭게 변화되어야 한다고 생각합니다.

목회자의 능력은 남들을 세우기 위해 내가 희생하는 능력이어야 하고, 교회 내 다른 부서를 돕기 위해 내 부서가 좀 손해 보는 것이 능력이어야 하고, 다른 교회를 세우기 위해 내 교회가 손해 보는 것이 능력이 되어야 합니다. 그리고 경쟁의 구도가 아닌 화목을 이끌어 내는 능력 또한 있어야 합니다. 그러한 사람이 바로 그리스도를 잘 따르는 능력의 제자이기 때문입니다.

지금은 이런 모든 기준이 바뀌었습니다. 남들과의 경쟁에서 이기는 것이 교회 안에도 깊숙이 들어와 교회를 송두리째 뒤틀고 있습니다. 그것이 성장인 줄 알고, 그것이 능력인 줄 알고 달려온 지금의 교회의 모습은 우리가 보듯이 그렇게 아름답지도, 교회답지도 않게 되었습니다. 힘들겠지만 이제 주님 앞에서 나 자신의 욕망과 싸워 나가면 좋겠습니다. 그리고 오래도록 잊었던 주님이 가신 그 길을 다시 걸어가면 좋겠습니다. 그 길은 십자가의 길이고 좁은 길입니다.

부록 2
# 교회 분립 타임 테이블

| | |
|---|---|
| 2009년 1월 | 높은뜻숭의교회에서 높은뜻정의교회로 분립해 1,600명의 교인이 예배 시작. 출석 교인 기준 3,000명이 되면 교회를 다시 분립하자는 마음을 모든 교인이 공유 |
| 2014년 12월 | 출석 교인 2,800명이 되면서 교회중장기발전위원회 구성. 교인 대표 10명으로 조직해 교회가 성장함에 따라 교회가 어떤 방향으로 나가야 하는지를 연구하도록 함 |
| 2015년 11월 | 교회 분립 및 교회 발전 방향에 관한 설문조사 실시 |
| 2016년 4월 | 높은뜻정의교회의 신앙고백과 목회철학, 그리고 한국 교회의 모습을 종합해 교회를 분립하는 것이 가장 좋은 방법이 될 것 같다는 연구 결과를 교회 앞에 발표. 보고서 작성 후 당회가 채택 |
| 2016년 4월 | 교회중장기발전위원회 해체 |
| 2016년 | 분립할 장소를 찾아 결정하는 해로 정함. 당회와 교인이 참여해 여러 후보지 소개 및 답사 |
| 2017년 1월 | 분립준비위원회 구성. 목사 1인, 장로 2인, 안수집사 2인, 권사 2인, 청년 2인으로 구성 |
| 2017년 3월 | 교회 분립 찬반 투표 실시 |
| 2017년 6월 | 분립 기도문(1차) 배부 및 온 교인 기도 시작 |
| 2017년 9월 | 교직원 및 교회 조직 분립 발표. 분립 장소(덕소고등학교) 최종 확정. 높은뜻정의교회 새 담임목사 청빙위원회 구성 및 청빙 철차 시작 |
| 2017년 10월 | 분립 관련 설명회 실시. 전 교인 분립 특별 헌금 실시. 교회 직분자들의 교회 선택 |
| 2017년 11월 | 마지막 정책당회 실시. 전체 당회 해체 및 두 교회의 운영위원회 구성. 새 담임목사 결정을 위한 공동의회 실시. 새 예배 처소 공사 시작 |
| 2017년 12월 | 새 담임목사 부임. 높은뜻덕소교회로의 파송 예배 |
| 2018년 1월 | 높은뜻정의교회와 높은뜻덕소교회 두 곳에서 예배 |

부록 3

# 만화로 보는 높은뜻정의교회 분립 Q&A

Q1  분립 일정이 궁금해요?

Q2  담임목사 청빙과정이 궁금해요?

Q3  설문조사 결과가 궁금해요?

Q4  분립을 앞두고 장로 선거는 왜 하나요?

Q5  이번에 실시하는 분립 헌금과 분립 비용에 대해서 알고 싶어요!

Q6  예배와 교회학교에 대해서 알고 싶어요!

높은뜻정의교회 분립 Q&A (1)
**"분립 일정이 궁금해요?"**

분립 궁금이 '문(問)집사'

분립준비위원회 '변(辯)집사'

*다음주 Q&A (2) "담임 목사 청빙 과정이 궁금해요?"

|  |  |
|---|---|
| 9월 24일 | 분립되는 각 교회의 현황 공고 |
| 10월 8일 | 후반기 분립 일정에 관한 공지 |
| 10월 15일 | 전교인 분립 참여 설문조사 |
| 10월 22일 | 공동의회<br>정관 개정, 직원 선거, 교회 분립에 관한 건 |
| 10월 27~28일 | 연말정책당회<br>분립에 따른 예산, 사역, 인사에 관한 내용 확정 |
| 11월 초 | 교회 분립을 위한 '분립헌금' 및 '운영위원회' 구성 |
| 11월 5일 | 두 교회를 섬길 장로 선거 |
| 11월~12월 | 각 교회 분립 준비를 위한 운영위원회 모임 |
| 12월 31일 | 분립 파송 예배 |
| 2018년 1월 7일 | 교회 분립 감사 예배 |

높은뜻정의교회 분립 Q&A (3)
## "설문조사 결과가 궁금해요?"

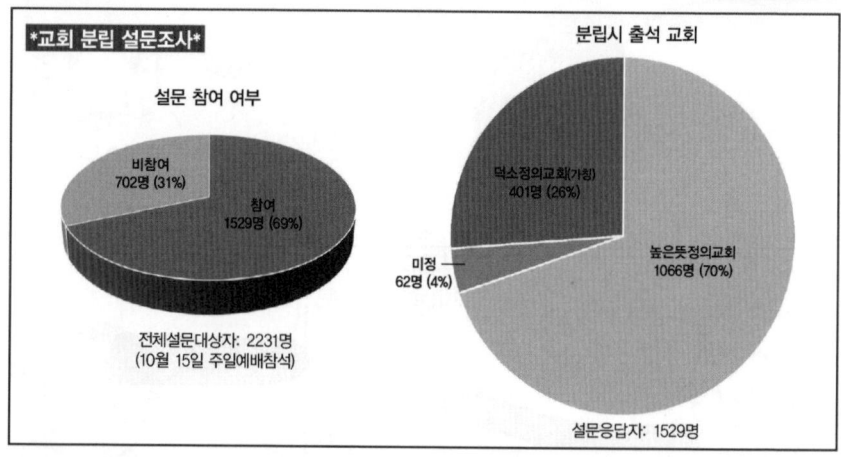

*다음주 Q&A (4) "분립을 앞두고 장로선거는 왜 하나요?"

## 높은뜻정의교회 분립 Q&A (4)
## "분립을 앞두고 장로 선거는 왜 하나요?"

변장로님~~
이번 분립을 앞두고 장로 선거는 왜 하나요?

분립 궁금이 '문(問)집사'

네~ 문집사님~
분립된 두 교회가 각각 조직교회로 서기 위해서는 목사 1인, 장로 2인이 당회의 최소 구성인데요.
이후 교회분립 청원, 가입 청원, 부목사 청빙, 연임, 목사 안수 등의 노회 행정 뿐 아니라 교회의 안정적 운영과 합리적 정책 결정을 위해서 꼭 필요합니다.

분립 후 당분간 장로 선거가 어려울 것을 대비하여 미리 진행하는 겁니다.

'분립준비위원 변(辯)장로'

그럼 이번 선거에는 장로님을 몇 분 선출하려고 하나요?

이번에는 장로님 10분을 세우고자 합니다.
선출 인원 10명의 2/3(6명)가 나올 때까지 1, 2, 3차 투표를 진행하고자 합니다.

네, 그렇군요!
이번 선거 일정은 어떻게 되나요?

이번 선거일정은 아래와 같이 진행됩니다.

▶ 투표일시 - 1차: 11월 5일, 2차: 11월 12일, 3차: 11월 19일
▶ 투표장소 - 정의관 2층
▶ 이의신청 - 기간: 11월 1일(수)까지
          방법: 선거관리위원에게 서면이나 문자 및 구두로 이의신청 가능
          문의: 안신권 목사 010-2471-0064
          부스설치: 정의관 2층 로비(29일(주일)만 운영), 교회사무실(주중)

*다음주 Q&A (5) "이번에 실시하는 분립 헌금과 분립 비용에 대해서 알고 싶어요!"

높은뜻정의교회 분립 Q&A (5)
## "이번에 실시하는 분립 헌금과 분립 비용에 대해서 알고 싶어요!"

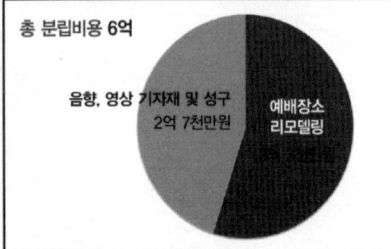

높은뜻정의교회 분립 Q&A (6)
## "예배와 교회학교에 대해 알고 싶어요!!"

**높은뜻정의교회**

영유아부 (2~4세)   1부_ 오전 9:30   2부_ 오후 12:00
유치부 (5~7세)     1부_ 오전 9:30   2부_ 오후 12:00
유년부 (초교 1~3학년) 1부_ 오전 9:30   2부_ 오후 12:00
소년부 (초교 4~6학년) 1부_ 오전 9:30   2부_ 오후 12:00
중등부   오전 9:30
고등부   오전 9:30

**높은뜻덕소교회** 경기도 남양주시 와부읍 도곡리 991-1번지

유치부 (5~7세)    오전 11:30
유년부 (초교 1~3학년) 오전 11:30
소년부 (초교 4~6학년) 오전 11:30
중고등부  오전 11:30

*단, 높은뜻덕소교회 교회학교는 2월부터 시작합니다.
1월은 온 가족이 함께 예배합니다.

부록 3

# 분립을 위한 공동 기도문 1

"주 여호와께서 이같이 말씀하시되
내가 백향목 꼭대기에서 높은 가지를 꺾어다가 심으리라
내가 그 높은 새 가지 끝에서 연한 가지를 꺾어
높고 우뚝 솟은 산에 심되 이스라엘 높은 산에 심으리니
그 가지가 무성하고 열매를 맺어서 아름다운 백향목이 될 것이요
각종 새가 그 아래에 깃들이며 그 가지 그늘에 살리라"(겔 17:22-23).

### 공동 기도문 활용법

매일 한 번 이상 기도문을 읽으면서 하나님께 올려 드립니다.
하나님이 주시는 마음이 있다면 기록해 함께 기도합니다.

+ 개인
가급적 정한 시간과 정한 장소에서 분립을 위해 기도합니다.
기도한 날에 확인 표시를 남깁니다.
기도 날짜를 다 채우신 분은 사무실로 제출해 주십시오.

+ 그룹
가족, 순, 부서, 공동체, 소그룹에서 함께 공동 기도문으로 기도합니다.
기도가 끊어지지 않도록 함께 격려하며 기도합니다.

## 분립 결정을 이루게 하신
## 하나님께 감사 기도

1. 우리 높은뜻정의교회를 오늘 여기까지 도우신 하늘의 하나님, 에벤에셀의 하나님께 찬송과 감사와 영광을 올려 드립니다.

2. 우리 교회에 때로는 어려움도 있었지만, 많은 사람이 깃드는 무성한 교회로 세워 주셨고, 그 품과 그 그늘에서 참된 쉼과 안식과 치유와 은혜를 누리게 해주셨음에 진실로 감사드립니다.

3. 이제는 높은뜻정의교회를 통해 교회 분립이라는 새로운 일을 행하시는 하나님께 감사합니다. 높은뜻정의교회가 지금의 모습에 안주하지 않고 늘 하나님 앞에 바르게 서고자 결단하게 하시는 하나님께 감사합니다.

## 좋은 교회 주심을 감사드리며,
## 계속 좋은 교회로 쓰임 받기 위한 기도

1. 새 순을 꺾어 높은 산에 새롭게 심기를 원하시는 하나님, 하나님은 하나님의 뜻이 온 땅에 퍼져 나가기를 바라고 계심을 믿습니다. 우리가 우리의 삶 속에서 하나님의 그 마음을 받들어 실천하는 자녀가 되게 해주시옵소서.

2. 우리를 통해 주님의 복음이 높은 산에서 퍼져 나가게 하시고 주님의 뜻이 온 땅에 충만해지게 해주시옵소서. 주님의 복음이 퍼져 나갈 때마다 주님의 몸 된 교회가 세워지게 하시고, 그 교회에서 천국의 모습이 드러나게 해주시옵소서.

3. 우리 교회가 그 역할을 잘 감당해 하나님의 교회로서 이 땅에서 천국을 보여 주는 사명을 잘 감당하게 해주시옵소서.

4. 자신의 탑을 쌓고, 자신의 이름을 드러내고, 흩어짐을 면하려는 바벨탑과 같은 우리 안의 욕심이 하나님의 교회를 망가뜨리고 있음을 안타깝게 생각합니다. 복음의 능력이 우리의 욕심으로 인해 점점 약해져 가는 것을 마음 아파하면서 우리가 더 바르게 서기 위해 커지고 강해지려는 우리의 욕망을 내려놓고 교회의 본질을 회복하는 데에 힘쓰려고 합니다. 하나님, 우리에게 주님의 십자가의 길을 따라갈 수 있는 용기를 주시옵소서.

5. 9년 전 높은뜻숭의교회의 첫 분립이 한국 교회에 선한 영향을 주고 좋은 도전이 되게 하셨던 것을 감사드립니다. 많은 교회가 이 정신을 옳게 생각하고 동참하게 하심도 감사드립니다. 그리고 이제 교회의 분립이 또 다른 분립을 낳게 하시니 감사드립니다. 이 또한 한국 교회 앞에 새로운 시작이 되게 하시고 다시 한 번 선한 영향을 끼치는 좋은 일이 되게 해주시옵소서.

## 분립에 임하는 성도들을 위한 기도

1. 분립을 계획하시는 분도 하나님이시요, 분립을 준비하시는 분도 하나님이시요, 분립을 이루시는 분도 하나님이심을 확신하며 성도들이 믿음으로 준비하며 나아가기를 기도합니다.

2. 성도들에게 흔들리지 않는 반석 같은 믿음을 주시고, 하나님이 기뻐하시는 일을 행함으로 인해 겪는 불편함과 부족함을 도리어 기뻐할 수 있는 성숙한 교회와 성도가 되기를 기도합니다.

3. 분립의 성공 여부는 오직 기도에 달려 있음을 기억하며, 교회의 분립을 방해하는 여러 가지 영적 전쟁에서 승리할 때까지 온 성도들이 기도의 손을 내리지 않게 해주시옵소서.

4. 우리 안에 분립을 향한 솔직한 걱정과 염려의 마음들과 서운함이 있습니다. 하지만 화평의 주체는 언제나 여호와 하나님이심을 기억하고, 하나님께 우리의 걱정과 염려를 올려 드리는 성도들이 되게 하옵소서. 걱정과 염려를 평강으로 바꾸시는 여호와 샬롬의 하나님을 만나게 되기를 기도합니다.

## 분립 준비 과정을 위한 기도

1. 분립준비위원회가 잘 구성되게 하시고, 모든 구성원이 하나 되어 하나님의 뜻을 잘 분별하게 하옵소서. 하나님이 기뻐하시는 일을 철저히 잘 준비할 수 있기를 기도합니다.

2. 분립의 방식이 하나님이 기뻐하시고 우리에게 가장 적합한 방법이 되기를 기도합니다.

3. 분립의 시기가 '하나님의 때'이기를 기도합니다.

4. 앞서 준비해 주시는 하나님의 뜻을 따라 우리 공동체에 가장 적절한 장소가 결정되기를 기도합니다.

5. 분립을 준비하면서 하나님과 화평하게 하옵소서. 분립을 준비하는 성도들과 공동체가 날마다 하나님께 나아가 하나님과의 관계가 흔들리지 않게 하시고 하나님이 주시는 평강을 누리게 하옵소서. 하나님과의 돈독한 관계 가운데 분립을 준비하게 되기를 기도합니다.

6. 분립을 준비하면서 이웃들과 화평하게 하옵소서. 가장 가까이 있는 교인들끼리 화평하게 하시고, 더 나아가 모든 이웃과 화평하게 되기를 기도합니다. 당회와 제직, 성도들이 정직하게 소통하며 사랑으로 하나 되기를 기도합니다.

7. 분립을 준비하는 모든 모임 가운데 평강이 있게 하시고, 화평을 위해 내려놓고 양보해야 할 것이 있다면 평강의 왕으로 오신 예수 그리스도를 기억하며 서로를 위해 겸손하고 희생할 수 있는 마음을 주시기를 기도합니다.

## 분립되어 가는 교회와
## 분립해 남은 교회를 위한 기도

1. 분립으로 교회 분위기가 어수선하거나 흐트러짐 없도록 하나님께 시선을 고정하게 하소서. 특히 청년부와 교육부서들이 혼란스럽지 않도록 마음을 지켜 주시기를 기도합니다.

2. 분립되어 가는 교회가 제직회와 순 구성이 빠른 시일 안에 잘될 수 있도록 주께서 이끌어 주시되, 남아 있는 교회도 조직이 조금도 흐트러짐이 없이 안정적으로 성장할 수 있도록 인도해 주시옵소서.

3. 분립 준비에 치우쳐 외롭고 힘든 상황 가운데 있는 성도들과 환우들이 소외감을 느끼지 않도록 위로하고 돌보는 일에 소홀하지 않기를 기도합니다.

4. 남은 교회에 좋은 담임목사를 예비하고 세워 주셔서 안정적인 가운데 교회가 계속 성장하게 하시고 목회적 돌봄이 중단되지 않도록 주님이 인도해 주시옵소서.

5. 헤어짐과 분리되는 아픔과 섭섭함을 겪는 성도들을 주님이 위로해 주시기를 기도합니다.

6. 교회의 분립에 반대하신 교우들의 마음을 위로해 주시고, 또다시 좋은 교회를 세워 나가기 위해 열심히 신앙생활을 감당해 나가게 하시어 결국 교회를 통한 기쁨이 더 커지게 해주시옵소서.

7. 분립의 과정에서 한 교우, 한 순이라도 마음 상하는 일이 없게 하시고, 분립의 과정에서 우리 교회를 포기하는 일이 없도록, 한국 교회에 선한 일을 해나가는 좋은 일에 모두 동참할 수 있도록 우리를 이끌어 주시옵소서.

8. 어두운 바다를 밝게 비추는 등대가 세워지듯 분립되어 가는 교회를 가장 필요로 하는 그 터 위에, 그곳의 사람들을 위해 교회가 세워지기를 기도합니다.

9. 세워지는 교회가 분립되어 가는 지역의 교회와 이웃들 간에 평강의 관계를 이루게 되기를 기도합니다.

10. 이웃하는 모든 사람과 모든 공동체를 사랑하는 마음을 주시고, 그들의 마음에도 환대의 마음을 주사 좋은 지역 공동체를 이루는, 그리스도 안에서 하나 되는 교회가 되기를 기도합니다.

11. 분립되어 가는 교회와 분립해 남은 교회에 필요한 재정들을 채워주시사 분립 준비에 부족함이 없게 하옵소서. 부득이 분립으로 인해 교회가 재정적 어려움을 겪는다 할지라도 자족하는 마음을 주시기를 기도합니다.

---

높은뜻정의교회를 여기까지 도우신 하나님, 감사드립니다. 하나님이 기뻐하시는 일을 위해 분립을 결단하게 하시고 이끌어 주심에 진심으로 감사드립니다. 이제 분립을 향한 걱정과 염려의 마음을 하나님께 맡기게 하시고 겸손함과 기도로 하나님의 뜻을 찾고 분별하게 하옵소서. 우리를 인도하시고 승리하게 하시는 하나님을 온전히 믿고 따르게 하옵소서. 언제나 그리고 끝까지 우리와 함께하시는 예수 그리스도의 이름으로 기도드립니다. 아멘.

## 부록 4
# 분립을 위한 공동 기도문 2

1. 에벤에셀의 하나님, 하나님의 계획과 섭리 가운데 이곳 삼산학원에 높은뜻정의교회를 세워 주시고 지난 9년간 부흥하게 하시니 감사를 드립니다.

2. 종교개혁 500주년과 창립 10주년을 앞두고 많이 힘들고 어려운 결정이었지만 교회의 본질에 조금 더 집중하고자 분립을 선택했습니다. 이 결정과 시도가 더 큰 교회를 지향하는 교회들을 향한 울림이 되게 하시고 이 땅에 하나님의 나라를 이루어 가는 통로로 쓰임 받게 해주시옵소서.

3. 하나의 교회를 나누어 두 개의 교회로 만들어 가는 이 수고와 아픔의 여정들을 통해 우리 교회가 한층 더 성숙하고 새로워지기를 기도합니다. 이번 분립을 통해 이루고자 하시는 하나님의 마음과 시선에 집중하게 하시고 각자의 선 자리에서 하나님이 기뻐하시는 일을 위해 애를 쓰는 교회와 성도들이 되게 해주시옵소서.

4. 하나님, 지난 9년간 우리 교회와 삼산학원이 서로 연합해 선하고 아름다운 동거를 이루어 가게 하심에 감사를 드립니다. 이제 새롭게 분립되는 교회도 덕소고등학교와 아름다운 관계를 맺어 가게 해주시옵소서. 그리하여 하나님의 선하신 계획 가운데 시작한 학교와 교회와의 연합이 이 시대를 깨우는 귀한 복음의 일꾼들을 배출하는 통로가 되게 해주시옵소서.

5. 화평의 하나님, 교회의 본질과 사명을 찾아서 분립하는 이번 결정을 통해 덕소고등학교 주변 교회들이 불편하다고 말합니다. 그런데 이러한

불편한 마음들이 오직 자신들만의 교회를 지키고자 하는 불편한 마음이라면 그 마음을 돌이켜 주시고 진정으로 하나님의 나라를 세우고자 하는 열정이라면 연합해 함께할 수 있는 마음이 되게 해주시옵소서.

6. 하나님, 분립을 위한 시간이 많이 부족합니다. 하지만 이러한 분주한 일정으로 인해 터가 흔들리지 않게 하시고 오히려 어려운 상황 속에서 하나님을 더 깊이 신뢰함으로 하나님의 뜻과 방법 안에서만 이 모든 일이 풀리게 해주시옵소서. 그 어떠한 상황에서도 우리의 뜻이 아닌 오직 하나님의 뜻만이 그대로 드러나게 해주시옵소서.

7. 여호와 이레의 하나님, 높은뜻정의교회의 새로운 담임목사님 청빙을 위해서 기도합니다. 우리의 생각과 계획보다 크신 하나님이 지금 이 시기에 우리 교회에 가장 적합한 목사님을 보내 주실 것을 믿습니다. 하나님을 경외하고 성도들을 사랑하는 목사님을 보내 주시어 하나님이 주인이신 교회를 성도들과 같이 기쁨으로 세워 갈 수 있도록 인도해 주시옵소서.

8. 하나님, 분립으로 인해 각 교회에 필요한 재정과 헌신할 일꾼들이 필요합니다. 이를 위해 분립헌금과 운영위원회를 세우고자 하오니 하나님이 친히 간섭하시어 필요에 따라 알맞게 채워 주시옵소서. 이 중요한 시기에 성도들의 마음이 하나 되게 하시고 협력해 하나님의 기쁨을 이루어 가는 일에 자부심을 가지고 동참하게 해주시옵소서.

9. 교회는 어려움이 있고 힘들 때에 믿음이 더 강건해지고 신앙이 깊어짐을 믿습니다. 이번 분립을 통해 교회 내 힘든 성도들과 환우들이 소외되지 않게 하시고 교회학교와 제직부서들이 흔들리지 않고 더 견고해지게 해주시옵소서.

10. 이번 높은뜻정의교회의 분립을 통해 하나님께는 기쁨이 되고, 한국교회에는 개혁의 기치가 되며, 성도들에게는 더 좋은 공동체로 내딛는 힘찬 발돋움이 되게 해주시옵소서. 이 믿음을 붙들고 기도하는 모든 성도가 하나가 되어 마지막 순간까지 하나님과 동행하는 발걸음이 되게 해주시옵소서. 예수 그리스도의 이름으로 기도드립니다. 아멘.

## 사명선언문

너희가 흠이 없고 순전하여……세상에서 그들 가운데 빛들로
나타내며 생명의 말씀을 밝혀 _ 빌 2:15-16

### 1. 생명을 담겠습니다
만드는 책에 주님 주신 생명을 담겠습니다.
그 책으로 복음을 선포하겠습니다.

### 2. 말씀을 밝히겠습니다
생명의 근본은 말씀입니다.
말씀을 밝혀 성도와 교회의 성장을 돕겠습니다.

### 3. 빛이 되겠습니다
시대와 영혼의 어두움을 밝혀 주님 앞으로 이끄는
빛이 되는 책을 만들겠습니다.

### 4. 순전히 행하겠습니다
책을 만들고 전하는 일과 경영하는 일에 부끄러움이 없는
정직함으로 행하겠습니다.

### 5. 끝까지 전파하겠습니다
모든 사람에게, 땅 끝까지, 주님 오시는 그날까지
복음을 전하는 사명을 다하겠습니다.

## 서점 안내

**광화문점**  서울시 종로구 새문안로 69 구세군회관 1층
02)737-2288 / 02)737-4623(F)

**강남점**  서울시 서초구 신반포로 177 반포쇼핑타운 3동 2층
02)595-1211 / 02)595-3549(F)

**구로점**  서울시 동작구 시흥대로 602, 3층 302호
02)858-8744 / 02)838-0653(F)

**노원점**  서울시 노원구 동일로 1366 삼봉빌딩 지하 1층
02)938-7979 / 02)3391-6169(F)

**일산점**  경기도 고양시 일산서구 중앙로 1391 레이크타운 지하 1층
031)916-8787 / 031)916-8788(F)

**의정부점**  경기도 의정부시 청사로47번길 12 성산타워 3층
031)845-0600 / 031)852-6930(F)

**인터넷서점**  www.lifebook.co.kr